PADRE PIO
O PERFUME DO AMOR

Elena Bergadano

PADRE PIO
O PERFUME DO AMOR

Paulinas

Dados Internacionais de Catalogação na Publicação (CIP)
(Câmara Brasileira do Livro, SP, Brasil)

Bergadano, Elena
 Padre Pio : o perfume do amor / Elena Bergadano ; tradução Antonio Efro Feltrin. – 5. ed. – São Paulo : Paulinas, 2011. – (Coleção testemunhas. Série santos)

 Título original: Padre Pio : il profumo dell'amore.
 Bibliografia.
 ISBN 978-85-356-2955-2

 1. Pio, de Pietrelcina, Santo, 1887-1968 I. Título. II. Série.

11-12592 CDD-282.092

Índice para catálogo sistemático:
1. Santos : Igreja Católica : Biografia e obra 282.092

Título original da obra: *PADRE PIO – Il profumo dell'amore*
© Paoline Editoriale Libri. Figlie di San Paolo.
Via Francesco Albani, 21 – 20149 Milano

Direção-geral: *Flávia Reginatto*
Editora responsável: *Celina Helena Weschenfelder*
Assistente de edição: *Márica Nunes*
Tradução: *Antonio Efro Feltrin*
Copidesque: *Cristina Paixão Lopes*
Revisão: *Ana Paula Luccisano e Mônica Elaine G. S. da Costa*
Gerente de produção: *Felício Calegaro Neto*
Capa: *Cristina Nogueira da Silva*
Editoração eletrônica: *Luiz Carlos Araujo*

5ª edição – 2011
6ª reimpressão – 2025

Nenhuma parte desta obra poderá ser reproduzida ou transmitida por qualquer forma e/ou quaisquer meios (eletrônico ou mecânico, incluindo fotocópia e gravação) ou arquivada em qualquer sistema ou banco de dados sem permissão escrita da Editora. Direitos reservados.

Cadastre-se e receba nossas informações
paulinas.com.br
Telemarketing e SAC: 0800-7010081

Paulinas
Rua Dona Inácia Uchoa, 62
04110-020 – São Paulo – SP (Brasil)
📞 (11) 2125-3500
✉ editora@paulinas.com.br

© Pia Sociedade Filhas de São Paulo – São Paulo, 2003

*O credo mais bonito
é aquele que brota do teu lábio
na escuridão, no sacrifício, na dor,
no esforço supremo
de uma vontade indizível de bem;
é aquele que, como um raio,
rompe as trevas de tua alma;
é aquele que, na faísca da tempestade,
te eleva e te conduz a Deus.*

PADRE PIO

Notas biográficas

25 de maio de 1887 – Nasce em Pietrelcina (BN) e é batizado no dia seguinte com o nome de Francisco.

27 de setembro de 1899 – Francisco faz sua primeira comunhão e recebe o sacramento do crisma.

6 de janeiro de 1903 – Vai até Morcone (BN) para começar o noviciado com os capuchinhos. Em 22 de janeiro veste o hábito religioso e se torna frei Pio de Pietrelcina.

22 de janeiro de 1904 – Faz a profissão dos votos simples. Em 25 de janeiro daquele mesmo ano, transfere-se para Sant'Elia a Pianisi (CB) para começar a "retórica".

27 de janeiro de 1907 – Faz a profissão dos votos solenes. No final de outubro, em Serracapriola (FG), começa os estudos de teologia.

Novembro de 1908 – Em Montefusco (AV) continua os estudos teológicos.

19 de dezembro de 1908 – Recebe as Ordens Menores em Benevento e, no dia 21 de dezembro, o subdiaconato.

1909 – Durante os primeiros meses do ano permanece em Pietrelcina, doente.

18 de julho de 1909 – Recebe a Ordem do diaconato na igreja do convento de Morcone.

10 de agosto de 1910 – Ordenação sacerdotal na catedral de Benevento. No dia 14 de agosto, celebra a primeira missa solene em Pietrelcina.

Nesse ano acontecem as primeiras manifestações dos estigmas.

Fim de outubro de 1910 – É enviado a Venafro, mas a doença o obriga a estar quase continuamente de cama. Acontecem fenômenos extraordinários. No dia 7 de dezembro volta para Pietrelcina.

25 de fevereiro de 1915 – Por motivos de saúde, recebe permissão para continuar a viver fora do convento, conservando o hábito capuchinho.

6 de novembro de 1915 – É convocado para o exército; no dia 6 de dezembro foi incorporado à 10ª Companhia de Saúde em Nápoles.

1916 – Em fevereiro está em Foggia, no convento de Sant'Ana.

No dia 28 de julho chega pela primeira vez a San Giovanni Rotondo.

No dia 18 de dezembro, volta ao Corpo Militar de Nápoles.

15 de março de 1918 – Depois de várias licenças e chamados, é reformado por "broncoalveolite dupla".

Maio de 1918 – Vai definitivamente para San Giovanni Rotondo.

5-7 de agosto de 1918 – Transverberação.

20 de setembro de 1918 – Estigmatização.

15-16 de maio de 1919 – Primeira visita médica do Dr. Luiz Romanelli, depois da estigmatização.

No dia 26 de julho: relatório médico do Dr. Antônio Bignami.

No dia 9 de outubro: visita médica do Dr. Jorge Festa.

Maio-julho de 1920 – Novas visitas médicas e as primeiras visitas canônicas.

2 de junho de 1922 – Primeiras medidas restritivas do Santo Ofício.

31 de maio de 1923 – O Santo Ofício, depois de uma pesquisa, decreta que não reconhece a "sobrenaturalidade dos fatos atribuídos ao Padre Pio".

17 de junho de 1923 – Outras restrições: o Padre Pio deve celebrar na capela interna do convento, sem público, interromper a direção espiritual e não responder nem fazer responder às cartas endereçadas a ele. No dia 26 de junho, depois de uma sublevação popular, Padre Pio obtém permissão para novamente celebrar na igreja.

Abril de 1925 – Restrições sobre o ministério da confissão. Novas agitações populares.

3 de janeiro de 1929 – Em San Giovanni Rotondo, morre a mãe do Padre Pio.

25 de maio de 1931 – Padre Pio é privado de todo exercício do ministério, exceto da santa missa, que pode celebrar somente na capela interna do convento, privadamente.

16 de julho de 1933 – Padre Pio pode celebrar a santa missa na igreja e retomar, em parte, o seu ministério.

25 de março de 1934 – Padre Pio volta a atender às confissões dos homens... e no dia 12 de maio, das mulheres.

9 de janeiro de 1940 – Ato da criação da "Casa Alívio do Sofrimento".

7 de outubro de 1946 – Morre o pai de Padre Pio, em San Giovanni Rotondo.

16 de maio de 1947 – Começam os trabalhos para a construção da Casa Alívio do Sofrimento. Bênção da primeira pedra.

31 de janeiro de 1955 – Primeiros trabalhos para a construção da nova igreja do convento.

5 de maio de 1956 – Inauguração da Casa Alívio do Sofrimento.

1º de julho de 1959 – Consagração da nova igreja.

10 de agosto de 1960 – Jubileu sacerdotal do Padre Pio.

30 de janeiro de 1964 – Padre Pio é completamente reintegrado.

5 de maio de 1966 – Celebração do primeiro decênio da Casa Alívio do Sofrimento. Primeiro Congresso Internacional dos Grupos de Oração.

29 de março de 1968 – Padre Pio começa a usar uma cadeira de rodas, porque "não sente mais as pernas".

22 de setembro de 1968 – Às 5 horas, celebra sua última missa; às 18 horas dá a última bênção para o povo na igreja.

23 de setembro de 1968 – Às 2h30, Padre Pio, depois de receber o sacramento da unção dos enfermos, morre serenamente, invocando "Jesus! ... Maria!".

4 de novembro de 1969 – Começam os preparativos para sua causa de beatificação e canonização.

16 de janeiro de 1973 – D. Valentim Vailati, arcebispo de Manfredonia, entrega para a Sagrada Congregação para as Causas dos Santos toda a documentação exigida, com o objetivo de conseguir o "nada obsta", para a introdução da causa.

20 de março de 1983 – Abertura oficial do processo informativo sobre a vida e as virtudes do servo de Deus, Padre Pio de Pietrelcina.

23 de maio de 1987 – Visita pastoral a San Giovanni Rotondo do santo padre João Paulo II, que reza sobre a tumba do Padre Pio.

21 de janeiro de 1990 – Conclusão do processo diocesano informativo sobre a vida e as virtudes do servo de Deus.

7 de dezembro de 1990 – A congregação encarregada emite o decreto *De validitate* sobre o processo diocesano. O padre Cristóvão Bove, dos frades menores conventuais, é nomeado relator oficial para a preparação da *Positio super virtutibus*.

2 de maio de 1999 – João Paulo II proclama o Padre Pio beato.

16 de junho de 2002 – João Paulo II declara santo o Padre Pio de Pietrelcina.

Apresentação

Bem pouca gente sabe quem foi Francisco Forgione. Mas todos sabem quem foi Padre Pio.

Para sempre esse nome simples, recebido no "segundo batismo", isto é, na profissão religiosa, como gostava de lembrar o Padre Pio, será suficiente para trazer à mente a grande figura do humilde frade capuchinho, hoje santo.

Nascido em 1887, em Pietrelcina, uma cidade pobre do interior camponês na província de Benevento, na Itália, viveu ali suas primeiras experiências extraordinárias, julgando-as normais; ali, inexplicavelmente, a Providência o quis nos primeiros e atormentados dias de sacerdócio, para forjá-lo em vista de sua missão de vítima e oferente, que deveria cumprir durante sua longa vida.

Os dons extraordinários que acompanharam toda a existência do Padre Pio, como as visões, as bilocações, o dom da cura e, sobretudo, o dom dos estigmas, que o fizeram muito semelhante ao Crucificado, certamente contribuíram para sua fama de santidade.

Para torná-la mais autêntica, contribuíram muito as numerosas incompreensões, as suspeitas, as limitações que lhe foram impostas pela Igreja, que ele sempre amou e à qual sempre obedeceu, acima de tudo.

Durante os cinqüenta anos que passou em San Giovanni Rotondo — onde morreu em 1968 —, as multidões acorriam cada vez mais numerosas a ele, em busca de cura física ou espiritual, de um encontro que os aproximasse de Deus e desse um sentido à própria existência.

Para todos o Padre Pio tinha uma palavra, um sorriso, uma bênção. O "crucificado do Gargano" carregou a cruz de todos para ganhar para Cristo o maior número possível de irmãos e irmãs.

Com estilo simples e imediato, a autora nos faz percorrer quase um século de história, esculpindo ao vivo a figura desta "obra-prima" da graça, verdadeiro "gigante" da santidade: uma santidade destilada no fogo do sofrimento como *perfume do Amor.*

Capítulo 1
Campania, terra do Padre Pio

Qualquer pessoa aprofunda as raízes na própria terra de origem, na família em que nasceu e na época em que vive. Também as pessoas que a Igreja proclama "beatas" ou "santas" — essas figuras excepcionais que, com a sua vida e suas obras, marcaram a história religiosa e civil — estiveram profundamente arraigadas na própria realidade.

O Padre Pio de Pietrelcina, hoje santo e venerado já em todos os continentes pela sua vida de testemunha, demonstrou-se filho de sua época: de sua família camponesa de origem humilde; de seu povo: genuíno, arguto, generoso, cordial, capaz não só de gozar a existência, mas também pronto para enfrentar as dificuldades da vida e até as calamidades que, por vezes, ela reserva.

A Campania, uma das regiões mais belas da Itália, deve seu fascínio à variedade da paisagem, especialmente ao seu variegado litoral, e também ao seu interior montanhoso, sóbrio e majestoso. Entre as muitas belezas, basta acenar para a costa amalfitana e à sua Catedral, rica em história e arte; ou ao belvedere do golfo de Nápoles, com o sonolento, mas imprevisível Vesúvio; ou às ilhas, entre as quais, a de Capri, célebre internacionalmente; sem desprezar as zonas arqueológicas de Paestum e de Pompéia, símbolos da influência da cultura grega.

Esse conjunto de belezas naturais, de riquezas do subsolo, de atrações históricas e de arte, mereceram para a Campania o título de *Terra felix*. As canções dessa terra — outra nota característica — são famosas em todo o mundo pela criatividade, pela alegria de viver, pela esperança que conseguem transmitir.

É conhecido o sentido de hospitalidade, típico dessa terra e de seu povo. Isso fez com que também o cristianismo lançasse raízes profundas na Campania, desde a idade apostólica.

São Paulo, de fato, encontrou o primeiro núcleo de cristãos em Pozzuoli no ano 61 d.C., onde chegou preso, durante a viagem que o levava de Cesaréia da Palestina para Roma, prisioneiro pelo Evangelho de Jesus Cristo (cf. At 27–28).

A fecundidade da Igreja da Campania nós a conhecemos, durante o seu caminho plurissecular, justamente percorrendo a história dos seus muitos homens e mulheres de

Deus; cristãos autênticos, reconhecidos como santos e santas.

Não podendo elencá-los todos, limitamo-nos a alguns, entre os mais conhecidos, como por exemplo: são Gennaro, bispo de Benevento, mártir do século III, protetor da Igreja napolitana; são Tomás de Aquino; são Tiago da Marca; são Francisco Caracciolo; santo Afonso Maria de Ligório; santa Francisca das Cinco Chagas... até chegar aos contemporâneos, como o ilustre médico são José Moscati, natural de Benevento, canonizado por João Paulo II em 1987; o beato Bartolo Longo, fundador do santuário de Nossa Senhora do Rosário de Pompéia, e do complexo de obras que lá surgiram.

Olhando para o futuro, podemos lembrar que até a "benemérita" *Arma dei Carabinieri* terá seu santo, ou beato, quando for reconhecida a heroicidade da vida do vice-brigadeiro Salvo d'Acquisto, um jovem de coração generoso, napolitano veraz.

Mas o maior santo da nossa época é, sem dúvida, o Padre Pio de Pietrelcina, o capuchinho estigmatizado, proclamado "santo" pelo papa Wojtyla no dia 16 de junho de 2002.

Pietrelcina

A região da Campania é dividida em cinco províncias: Nápoles, Salerno, Caserta, Avelino e Benevento, a província onde nasceu Padre Pio de Pietrelcina.

Enquanto as três primeiras são litorâneas, as outras duas são apeninas e correspondem às antigas regiões da Irpínia e do Sânio.

Sânio, a parte mais interna e montanhosa do interior da Campania, antigamente foi ocupado pelo povo sanita e, em parte, por uma de suas tribos: os oscos.

Com o termo Irpínia faz-se referência à zona que está situada em torno da província de Avelino, e que em tempos remotos foi território dos Irpinos. Avelino e Benevento são as duas províncias mais pobres da Campania.

Em Pietrelcina, cidade pequena do Sânio, distante aproximadamente 12 quilômetros de Benevento, nasceu Francisco Forgione, que será o Padre Pio, da Ordem dos Frades Menores Capuchinhos.

De sua cidade natal, que ele amava sinceramente, Padre Pio disse: "Fiz muito por S. João Rotondo enquanto vivo, mas farei muito mais por Pietrelcina quando tiver morrido". Essa profecia de Padre Pio está-se cumprindo. De fato, são dezenas de milhares os peregrinos que, anualmente, chegam a essa cidade do Sânio para visitar os lugares onde ele viveu sua infância e adolescência, onde esteve por muito tempo também nos conturbados primeiros anos do seu ministério sacerdotal.

Em Pietrelcina tudo fala do Padre Pio. Desde a modesta casinha, onde ele nasceu, à igreja de Sant'Ana, onde foi batizado; das ruazinhas que percorria rezando o rosário à propriedade que a família possuía no campo de Piana Romana.

Pietrelcina. Casas de pedra viva e rochas, ligadas por um emaranhado de ruazinhas, conferem à cidade uma atmosfera arcaica; tudo é ao mesmo tempo simples e sugestivo: tudo convida ao silêncio e à contemplação.

A parte mais antiga da cidade foi-se formando, quase seguramente, na Idade Média, ao redor de uma pequena igreja construída sobre um promontório rochoso, como também o bairro do Castelo, construído sobre a rocha conhecida como "La Morgia", a poucos passos da casa do Padre Pio.

Já quando o povo acorria a ele em San Giovanni Rotondo, ele dizia afetuosamente aos pietrelcinenses que iam visitá-lo: "Saúdem por mim Pietrelcina, saúdem por mim La Morgia!".

Capítulo 2
Do nascimento à entrada no convento

Uma das mais antigas construções do bairro Castelo é a da família Forgione, em Vico Storto Valle. Foi aí, às 5 horas da tarde do dia 25 de maio de 1887, que nasceu o futuro Padre Pio. Na manhã seguinte, bem cedo, foi batizado com o nome de Francisco, na vizinha igreja de Sant'Ana. O sacramento foi administrado pelo pároco Nicolantonio Orlando, na presença do pai e da parteira Graça Formichelli, que foi a madrinha do recém-nascido.

Papai Grazio e mamãe Peppa

Os pais de Francisco eram ambos descendentes de famílias que moravam há muito tempo em Pietrelcina.

O pai, Grazio Maria Forgione, era um jovem simpático, de olhar vivo e conversa franca. Era robusto e forte, grande trabalhador, de modos um tanto rudes e despachados, mas cordiais. Era profundamente religioso e crente.

A mãe, Maria Giuseppa Di Nunzio, era uma jovem de feição nobre, de porte esbelto, atitude gentil e comportamento distinto. Vestia-se com modéstia e bom gosto. Trazia sempre um lenço branco na cabeça, sempre limpo, e um xale nos ombros. Afável e respeitosa, de sentimentos religiosos transparentes, era um verdadeiro braço direito para seu Grazio, a quem ajudava nos trabalhos do campo, depois de se dedicar aos trabalhos domésticos. Depois do casamento e dos numerosos nascimentos, na cidade todos a chamavam familiarmente "mamãe Peppa".

Grazio Forgione e Giuseppa Di Nunzio — ambos analfabetos — celebraram o casamento religioso no dia 8 de junho de 1881, com a idade de 21 anos. Viveram os primeiros dois anos de casamento na casa do pai dele, na rua Santa Maria Degli Angeli, onde em 1882 nasceu Miguel, seu primogênito.

Depois, transferiram-se para Vico Storto Valle, para a casa que Grazio havia herdado de seus pais. A casa era um pequeno labirinto. Composta de quatro partes, compreendia: duas salinhas seguidas, não comunicantes entre si; para passar daquela que servia de cozinha à outra, onde se dormia, era preciso passar pela rua. A segunda parte da casa encontrava-se no quintal que estava na frente da cozinha e servia de depósito para a lenha do fogão e também de estábulo. A terceira parte dessa casa, que estava distante alguns metros das outras, consistia numa sala quadrada, chamada "la Torretta", porque construída sobre uma saliência de pedra. Chegava-se até lá subindo uma escada íngreme. Finalmente, a última parte da casa estava no número 27 da ruazinha e era uma sala de 12 metros quadrados, decorada com mobília sóbria e com uma visão bonita, pois a janela se abria para um vale verdejante. Era o quarto dos pais, onde nasceram todos os filhos, com exceção de Miguel, o primogênito.

Aí nasceram, portanto, em ordem cronológica, Francisco (1884) e Amália (1885), mortos ambos em tenra idade; Francisco (1887, o futuro Padre Pio), Felicidade (1889), Pelegrina (1892), Graça (1894) e Mário (1899), que morreu antes de completar um ano de idade.

Permaneceram vivos Miguel, Francisco (Padre Pio), Felicidade, Pelegrina e Graça, que depois se tornou irmã Pia, das Irmãs de Santa Brígida.

No dia do casamento, Maria Giuseppa Di Nunzio entregou como dote ao marido, Grazio Maria Forgione, um lote de terra cultivável de aproximadamente um hectare, com uma casa anexa, na localidade chamada Piana Romana, distante alguns quilômetros de Pietrelcina. Para chegar lá, a pé, caminhava-se quase uma hora.

Desse hectare de terreno, Grazio tirava o sustento para a sua família: trigo, milho, azeitonas, uvas e verduras da estação. Na casa criava alguns animais domésticos: ovelhas, coelhos, patos, galinhas. De manhã, selava o burrinho, comia alguma coisa, colocava na mochila pão, queijo, uma garrafinha de vinho para o almoço campestre e se punha a caminho para a propriedade de Piana Romana. Trabalhava o dia todo regando a terra com o próprio suor. À tarde voltava para casa para o jantar com a família, a oração da noite e o merecido descanso.

Mamãe Peppa também era madrugadora. Ia à fonte antes do surgir do sol para a provisão cotidiana de água. Preparava os alimentos, atendia os filhos, arrumava a casa e depois ia a Piana Romana para dar uma mão ao marido Grazio. Voltava para casa pela metade da tarde com provisão de frutas, verduras, ovos do dia, exatamente em tempo para preparar o jantar, que marido e filhos consumiam alegremente.

Antes de repousar, a família Forgione costumava rezar junta. O rosário, especialmente no inverno, era a oração preferida.

Uma vida simples, a dos Forgione, impregnada de trabalho, de esforço e de oração, muito semelhante à vida cotidiana da maior parte das famílias camponesas da época.

Pietrelcina (= pedra pequena) em contraposição a *Pietra Maiuri* (= pedra grande), uma cidade pouco distante, era como tantas outras, "uma cidade de belas tradições cristãs e humanas, onde as almas são efervescentes como o vinho das colinas e a raça, aperfeiçoada por séculos de fidelidade rude, se alegra em produzir obras-primas".[1]

Francisco, a obra-prima

Uma das obras-primas da graça de Deus e da família Forgione é Francisco, o quarto filho de papai Grazio e mamãe Peppa. Ela nunca pôde discordar da previsão de José Fajella, um vizinho da casa, dedicado à astrologia e que fazia horóscopos para o povo da cidade e dos arredores: "Este menino será honrado no mundo todo. Verdadeiras fortunas passarão pelas suas mãos, mas ele não possuirá nada". E essa predição, a seu tempo, se cumpriu.

Francisco era um menino inteligente e vivo, mas não perturbava. Não era nem um anjinho nem um diabinho. Aparentemente normal: curioso, guloso, gostava de brincar,

---

[1] WINOWSKA, M. *Il vero volto di Padre Pio*. Cinisello Balsamo (MI), San Paolo, 1988. p. 53.

como todas as crianças da sua idade. Era, porém, também serviçal e responsável, tanto que seus pais decidiram confiar-lhe o cuidado do pequeno rebanho que possuíam. Assim, Francisco apascentava as ovelhas no pitoresco campo de Piana Romana e arredores, onde também os outros filhos do casal Forgione passavam algum tempo, especialmente no verão.

Como as mães conhecem as características particulares dos filhos, mamãe Peppa conhecia também a que distinguia o seu Francisco de seus outros filhos e dos colegas. A "particularidade" de Francisco consistia no seu grande amor a Jesus, a Nossa Senhora, ao anjo da guarda; tinha uma forte atração pela oração e uma tenaz e sofrida aversão ao pecado. Toda manhã e toda noite gostava de ir à igreja visitar Jesus e Nossa Senhora, enquanto fugia da companhia dos rapazes que blasfemavam e falavam palavrões.

"A religião", como observou o historiador francês Yves Chiron,

> era o ar de cada dia da família Forgione e, igualmente, as grandes festas religiosas davam o ritmo à vida de Pietrelcina. Natal, Páscoa, Ascensão, Pentecostes, Todos os Santos eram os pontos de referência habituais da vida de família e dos trabalhos do campo. Cada momento importante do ano litúrgico estava associado a uma pequena festa em família [...].

Ao calendário litúrgico acrescentavam-se as devoções locais. Em Pietrelcina a festa mais concorrida e respeitada era a da "Líbera". Era assim chamada a estátua de Nossa Senhora das Graças, padroeira de Sânio, que tinha libertado a cidade da cólera, no dia 3 de dezembro de 1884, depois de uma procissão de súplica. Depois deste acontecimento memorável, festejava-se a Líbera duas vezes por ano: no dia de aniversário do milagre, no inverno, com uma cerimônia penitencial de ação de graças, e no primeiro domingo de agosto, com uma grande procissão e três dias de festa. A última celebração coincidia com o fim da colheita e cada família oferecia, então, os primeiros frutos da colheita que eram depois distribuídos ao clero, aos conventos e aos pobres. [...] Por toda a vida, em todo primeiro domingo de agosto, o Padre Pio vai pensar sempre com emoção nos seus concidadãos que estavam celebrando a festa da Líbera.[2]

Esta é uma das lembranças mais queridas que Padre Pio conservará de sua infância.

Carismas especiais

Em Pietrelcina, Francisco Forgione era considerado um menino normal como muitos outros seus colegas. Aquilo que Deus ia gradualmente realizando em sua alma, tornando-a, por muitos aspectos, fora do nor-

---

[2] CHIRON, Y. *Padre Pio, una strada di misericordia*. Milano, Paoline, 1999. pp. 17ss.

mal, ninguém podia ver, porque não era ainda manifesto. Além dos aspectos normais de sua vida exterior, a interior era rica em carismas especiais e experiências místicas, como a visão de Jesus, de Nossa Senhora, dos anjos e dos santos, dos habitantes do paraíso, enfim, com os quais ele podia também comunicar-se verbalmente. Um mundo invisível, mas concreto, perfeitamente conhecido, por aquilo que aquele pequeno ser representava aos olhos de Deus e por aquilo que ele faria pela salvação do mundo. O mesmo Jesus e Nossa Senhora estavam presentes e o encaminhavam ao conhecimento de realidades sublimes. Por outro lado, filas de demônios, capitaneados por Lúcifer em pessoa, tentavam amedrontá-lo, perturbá-lo, enganá-lo, arruiná-lo, até matá-lo, para impedir a realização do desígnio que Deus tinha para ele.

Mas o que se sabe de concreto sobre aqueles fatos misteriosos, presentes desde a primeira infância do futuro Padre Pio? O testemunho mais crível é do próprio Padre Pio que, num determinado momento da vida, recebeu de seus diretores espirituais a ordem de escrever tudo o que se lembrava dos seus primeiros anos. Eles tinham-se apercebido de que tinha uma vida espiritual dotada de graças particulares e queriam saber quando isso havia começado a se manifestar.

O padre obedeceu, embora muito contrariado. Em uma carta sua, falando de Jesus, definiu-o o "amante divino" que, desde o nascimento, lhe havia manifestado sinais de predileção especial. Ao seu confessor, o Padre Pio escreveu, também, contando que à noite, quando fechava os olhos, via como o cair de um véu e o abrir-se o paraíso, e que assim descansava tranqüilo, alegrado por aquela visão, esperando que o pequeno companheiro de sua infância (o anjo da guarda) viesse acordá-lo para poder assim escolher, junto com ele, os louvores matinais ao "amado dos nossos corações".

Mamãe Peppa contou que seu Francisco, já na idade de 7 ou 8 anos, impunha-se duras penitências. De fato, um dia o surpreendeu enquanto se flagelava com uma corrente, até sangrar, e lhe mandou que parasse. O filho lhe respondeu: "Mamãe, devo bater-me como os judeus bateram em Jesus, fazendo sair sangue dos ombros". Talvez o menino já pressentisse o dom dos estigmas que Jesus lhe daria alguns anos depois: dom muito doloroso que o acompanhou até a morte.

Na escola para aprender

Francisco havia manifestado aos seus pais o desejo de freqüentar um curso regular de estudos, mas o cargo de "pastorzinho" que o pai Grazio lhe havia confiado obrigou-o a freqüentar uma escola particular, esporadicamente. Foi primeiro confiado a Cosmo Scocca, um homem de pouca cultura que ensinava os rapazes a ler, mas Francisco, que já havia freqüentado a escola elementar, demonstrava insatisfação, porque queria aprender muitas outras coisas. O pai Grazio e a mãe Peppa confiaram-no, então, ao padre Domingos Tizzani, um velho padre secularizado, que, por cinco liras mensais, desde setembro de 1898, começou a dar aulas de latim e de italiano ao filho dos Forgione. Naqueles tempos de miséria e de fome, a importância de cinco liras mensais pedidas pelo professor era elevada para a família Forgione, tanto que para enfrentar esta nova despesa e pagar uma dívida contraída há tempo, papai Grazio decidiu emigrar para a América. A esperança de encontrar um trabalho que lhe permitisse enviar um pouco de dinheiro para mamãe Peppa, grávida pela oitava vez, despertou nele o desejo de realizar este grande sacrifício.

Logo, porém, o padre Tizzani, que já tinha lamentado o pouco rendimento escolar de Francisco, mandou-o definitivamente para casa, afirmando que tinha a mente obtusa e não recordava nada das aulas que lhe dava.

Mamãe Peppa temia que o estranho comportamento de Francisco prejudicasse e tornasse inútil o sacrifício de seu marido Grazio que trabalhava na América o dia inteiro, justamente para melhorar o teor de vida dos seus filhos. Perguntava-se, preocupada, por que este seu filho tão virtuoso e desejoso de aprender tantas coisas agora se recusava a estudar. Um "por que" devia haver e seu filho lho revelou, dizendo: "Mamãe, se meu cérebro é obtuso, o coração do padre Tizzani é malvado. É por isso que não consigo aprender".

A grande aversão que desde criança Francisco sentia pelo pecado lhe permitira intuir o estado de alma do ex-sacerdote, a ponto de sua inteligência privilegiada se haver fechado hermeticamente aos ensinamentos do mestre. A mãe Peppa decidiu confiá-lo, então, ao professor Ângelo Cáccavo que, no espaço de dois anos, conseguiu fazê-lo recuperar o tempo perdido.

O chamado de Deus

Aos 12 anos, no dia 27 de setembro de 1899, Francisco recebeu Jesus na hóstia consagrada pela primeira vez, com amor ardente. Naquele mesmo dia, o arcebispo de Benevento, d. Donato Maria Dell'Olio, administrou-lhe também o sacramento do crisma na igreja de Santa Maria dos Anjos, em Pietrelcina. Sobre aquele dia memorável para a sua vida toda de Deus, em 1914, já padre há quatro anos, depois de haver assistido à crisma administrada por d. Benedito Bonazzi a 450 pessoas entre grandes e pequenos de Pietrelcina, que ele mesmo havia preparado, escreveu ao seu diretor espiritual uma carta, na qual, entre outras coisas, se lê:

> Jamais assisti a uma cerimônia tão santa como aquela em que fui crismado. Chorava de consolação no meu coração nesta cerimônia sagrada, porque me lembrava o que o Espírito Santíssimo me fez ouvir naquele dia em que recebi o sacramento do crisma, dia singularíssimo e inesquecível por toda a vida. Quantos doces sentimentos este Espírito consolador me fez sentir naquele dia! Pensando naquele dia, sinto-me queimar todo por uma chama vivíssima que queima, destrói e não causa dor...[3]

O Espírito Santo, que no dia da crisma encheu com seus dons o jovem Francisco, tomou definitivamente conta de sua alma e continuou a plasmá-la segundo a vontade de Deus. Quem sabe quantas vezes, durante seus dias de estudante-pastor, ele meditou neste sublime mistério. Para Francisco, meditar, rezar e contemplar eram coisas mais do que ordinárias, especialmente quando se sen-

---

[3] Carta de 12 de maio ao padre Agostinho de São Marcos de Lamis. POBLADURA, M. da & RIPABOTTONI, A. da (orgs.). *Epistolario*, I. San Giovanni Rotondo (FG), Ed. "Padre Pio da Pietrelcina", Convento Santa Maria delle Grazie, 1971. p. 471.

tia envolvido pelo amplo cenário da natureza circunstante, pela qual era muito enamorado, e que descrevia com riqueza de particulares e sensibilidade poética nas suas composições escolares, dando por ela louvores a Deus.

O doutor Gennaro Preziuso, filho espiritual do Padre Pio de Pietrelcina, escreveu que em suas composições escolares que chegaram até nós, já se destacavam o caráter e o temperamento do homem de Deus. No entanto, o Espírito Santo continuava a trabalhar a alma do jovem e o convidava para uma grande e específica missão, fazendo-o ouvir interiormente a sua voz: "Você deve santificar-se para santificar".

O fascínio por uma barba de capuchinho

Um refrão semelhante e convidativo ressoava continuamente nos ouvidos de Francisco. Ele perguntou ao Senhor onde poderia servir-lhe melhor, se no claustro ou com o hábito do Pobrezinho de Assis. Resolvido a obedecer à vocação que tinha amadurecido dentro de si, e lembrando a figura do frei Camilo de Sant'Elia a Pianisi, que tinha atraído sua atenção já há alguns anos, fez sua opção e decidiu entrar na Ordem dos Frades Menores Capuchinhos. Saindo um dia da escola, num fôlego só, disse à mãe: "Quero ser monge de missa, monge com barba". E a mãe lhe respondeu prontamente: "Você não sabe nem limpar o nariz: o que você entende de barba ou de não barba?".

A barba do frei Camilo, iria se lembrar o Padre Pio, tinha-lhe entrado na cabeça e ninguém conseguiu fazê-lo mudar de opinião.

Mas quem era esse frade que tanto tinha fascinado Francisco, não somente por sua barba espessa? Era um frade capuchinho de 27 anos, mendicante, que vinha do mosteiro de Morcone, distante uns quinze quilômetros de Pietrelcina. Esteve na cidade pela primeira vez no verão de 1898, antes da partida de papai Grazio para os Estados Unidos da América. Francisco, que tinha então 11 anos, foi conquistado por sua humilde e digna compostura, por sua modéstia e afabilidade e também por sua barba negra cerrada. Desde então, decidiu que se tornaria frade capuchinho, como o frei Camilo, porém "frade de missa", e o confidenciou ao seu amado pai.

A decisão de entrar na Ordem dos Capuchinhos se encontra, pela primeira vez, numa carta que ele escreveu ao pai em 5 de outubro de 1901. O pai estava nos Estados Unidos e Francisco, como membro mais instruído da família, escrevia ao pai e ia ao correio para retirar o dinheiro que ele regularmente enviava aos seus caros.

Na longa carta de 1901, Francisco dá ao pai notícias sobre a família, fala dos seus progressos na escola, de uma breve peregrinação feita com a classe ao santuário de Nossa Senhora de Pompéia e depois, com uma maturidade superior aos seus 14 anos, fala-lhe de sua decisão firme de se consagrar a Deus, concluindo: "No próximo ano, se Deus quiser, todas as festas e todos os divertimentos terão acabado para mim, porque abandonarei esta vida para abraçar uma outra melhor".[4]

O belo Francisco vai para o convento

"Era belo... realmente belo...", disseram algumas mulheres de Pietrelcina, que o haviam conhecido ainda jovem. "Belo, belo de rosto, cheio, polido, belo de tudo...", disse uma admiradora daquele tempo. E uma outra: "Era belo quando rapaz. Como era bonito!". Outras ainda confirmam: "Era de aspecto gentil... Belo de olhos... um colorido róseo, realmente bonito". Uma apaixonada sua lembrou com emoção: "Eu colocava no seu bolso bilhetinhos com declarações de amor, mas ele nunca respondeu: estava sempre com a cabeça baixa...", para não se distrair das coisas de Deus.

---

[4] *Epistolario*, IV, p. 798.

Francisco tinha então 15 anos. Apesar da idade muito jovem, era fisicamente vigoroso, de aspecto senhoril, gentil e simpático: belo, afinal, por dentro e por fora. Um rapaz que atraía, mesmo involuntariamente, a atenção das moças. Essa beleza casta — porque era realmente "casta" —, tornou-se uma arma nas mãos de satanás, seu principal inimigo, que punha obstáculos no seu caminho para o convento, dissuadindo-o de seus propósitos, tornando-o titubeante e insinuando-lhe a dúvida na alma.

Antes de entrar para o convento capuchinho de Morcone, Francisco teve de travar uma batalha difícil contra Satanás. Vinte anos depois, numa carta autografada, endereçada à professora Nina Campanile e reproduzida por alguns biógrafos, o então Padre Pio, de 35 anos, escreveu, entre outras coisas:

> Meu Deus! Quem poderia imaginar o martírio interior que havia em mim? Somente a lembrança daquela luta íntima, que então acontecia dentro de mim, faz-me gelar o sangue nas veias, e já se passaram ou estão para se passar vinte anos. Sentia a voz do dever de obedecer a ti, ó Deus verdadeiro e bom! Mas os inimigos teus e meus me tiranizavam, me deslocavam os ossos, zombavam de mim e me contorciam as vísceras...

Havia, portanto, duas forças poderosíssimas que combatiam em Francisco, dilacerando-lhe a alma: o mundo com suas lisonjas, que o queria para si, e Deus, que o havia escolhido desde o seio materno e não queria deixá-lo fugir. Venceu o mais forte: Deus!

Chegou, finalmente, o dia da partida para Morcone. Era a festa da Epifania do ano de 1903. Logo de manhã, Francisco participou da missa festiva na igreja paroquial de Santa Maria dos Anjos. Depois de um almoço frugal, despediu-se dos familiares e dos vizinhos de casa, que estavam presentes. Ajoelhou-se, então, diante de mamãe Peppa e lhe pediu que o abençoasse. "Sinto rasgar-me o coração, meu filho! Mas são Francisco o chama e você agora pode ir sem pensar na dor de sua mãe...", disse-lhe, segurando-lhe as mãos entre as suas. Depois, a emoção tomou conta dela e caiu por terra, desmaiada. Recuperada do mal-estar, abraçou e beijou o filho, entregando-lhe um terço do rosário que Francisco conservou por toda a vida.

Em companhia do padre Nicola Caruso e do professor Cáccavo, foi até a estação ferroviária em lombo de burro, depois tomaram o trem, desceram em Morcone e foram até o convento dos padres capuchinhos. Foram recebidos por frei Camilo, que tanto havia fascinado Francisco com suas virtudes e sua espessa barba negra.

"Olá, Francisco! Você foi fiel à promessa e ao chamado de são Francisco. Bravo, bravo!...", disse-lhe, abraçando-o com ternura.

Depois de despedir-se dos seus acompanhantes, Francisco foi confiado ao padre Tomás do Monte Sant'Angelo, mestre de noviços, de 30 anos, "um tanto severo, mas com um coração de ouro: muito bom, compreensivo e cheio de caridade...", como se lembraria depois o Padre Pio.

Capítulo 3
Do noviciado ao sacerdócio

No dia 22 de janeiro de 1903, Francisco Forgione vestiu o hábito capuchinho no noviciado de Morcone e mudou seu nome de batismo para frei Pio de Pietrelcina.

A vida dos noviços era muito austera e cheia de penitências. Da rigorosa observância da regra faziam parte a permanente sobriedade da mesa e diversos jejuns, mais ou menos longos como, por exemplo, o do Natal, que durava de 2 de novembro até 25 de dezembro, e o da Quaresma, que durava quarenta dias. Além disso, na segunda-feira, na terça-feira e na sexta-feira era obrigatória a disciplina, isto é, cada um se espancava nas costas com uma corrente, à qual estavam fixadas bolas ou placas de ferro. Essa flagelação deveria ser um antídoto contra as paixões de todo tipo, inclusive o orgulho. Aos noviços era pedida também uma atitude humilde, feita de modéstia, silêncio e recolhimento interior. Frei Pio de Pietrelcina "foi sempre um noviço exemplar, pontual na observância da regra, e nunca deu o mínimo motivo para ser repreendido", como testemunhou o padre

Tomás, seu mestre. Além disso, despertava a atenção dos irmãos também por aquele dom particular que a teologia mística define "o dom das lágrimas".

No dia 25 de abril do mesmo ano, frei Pio de Pietrelcina conheceu um capuchinho que teve logo um papel muito importante em sua vida: padre Benedito de São Marcos de Lamis, cujos dotes intelectuais e morais atraíram a atenção e a admiração dos confrades que por diversas vezes o elegeram superior, no decorrer de sua vida fecunda, que terminou em 22 de julho de 1942.

Padre Benedito foi "o verdadeiro mestre nos caminhos do espírito e o respeitável diretor espiritual" do Padre Pio, de 1910 a 1922, como testemunha a correspondência transcrita no primeiro volume do *Epistolário* do frade de Pietrelcina.

Durante os doze anos em que o dirigiu espiritualmente, padre Benedito recolheu notícias pessoais sobre a evolução espiritual de Padre Pio e foi sempre uma testemunha convicta de seus dons místicos.

Ainda no ano de 1903, Grazio Forgione, depois de cinco anos de permanência nos Estados Unidos da América, ocupado em trabalhos pesados para poder ajudar financeiramente a família e pagar os estudos de Francisco, voltou a Pietrelcina. Partiria de novo em 1910, para a Argentina, onde passaria outros sete anos, pelo mesmo motivo. Padre Pio dizia freqüentemente, com emoção, que seu pai teve de se expatriar duas vezes para dar um jeito de ele se fazer capuchinho.

Logo que chegou da América, papai Grazio quis abraçar novamente o seu Francisco, agora noviço capuchinho. E, com mamãe Peppa, foi até o convento de Morcone para visitá-lo. Quando o filho o encontrou no parlatório, Grazio custou a reconhecê-lo de tão pálido e magro que ele estava. O que tinha acontecido com seu belo rapaz? Nada de especial, além da austera vida de noviço. Mas a escassez de alimentos, o frio intenso, a umidade pungente, a falta de qualquer tipo de aquecimento, as longas horas de oração com a interrupção do sono para a oração das horas, as numerosas penitências que infligia espontaneamente ao próprio corpo, tinham-lhe causado uma grave depressão orgânica.

Terminado o ano canônico de noviciado, frei Pio de Pietrelcina, com um curso de exercícios espirituais, preparou-se para a solene cerimônia da profissão temporária, celebrada no dia 22 de janeiro de 1904, na presença da comunidade religiosa, dos pais e parentes.

O jovem professo emitiu os votos de obediência, pobreza e castidade, conforme a regra dos Frades Menores Capuchinhos, na presença do superior, padre Francisco Maria de Sant'Elia a Pianisi. Depois da cerimônia, mamãe Peppa foi a primeira a abraçar o filho. Entre lágrimas de comoção que lhe corriam copiosas pela face, sussurrou-lhe: "Meu filho! Agora, sim, você é todo de são Francisco, e que ele possa sempre abençoá-lo".

O primeiro passo estava dado. Agora, frei Pio deveria continuar os estudos superiores e a formação religiosa em vista da profissão perpétua e da ordenação sacerdotal.

Sacerdote de Cristo

Logo depois da profissão dos votos temporários, frei Pio de Pietrelcina retomou os estudos exigidos para se tornar sacerdote. Estudou retórica em Sant'Elia a Pianisi (Campobasso); filosofia, sob a direção do padre Justino, de San Giovanni Rotondo, no estudantado de San Marco La Catola (1905-1906); ali encontrou o padre Benedito, que em 1910 seria seu diretor espiritual.

Em abril de 1906, voltou ao convento capuchinho de Sant'Elia a Pianisi onde, em 27 de janeiro de 1907, emitiu os votos solenes, por toda a vida, nas mãos do superior padre Rafael de San Giovanni Rotondo, "somente com o único objetivo de atender ao bem da minha alma e de me consagrar inteiramente ao serviço de Deus", como escreveu no documento oficial de consagração.

Em outubro de 1907, fez com sucesso os exames de filosofia no estudantado de San Marco La Catola; no final do mesmo mês, foi para o convento de Serracapriola — na vertente adriática do Molise —, e começou os estudos de teologia. Seu professor, o padre Agostinho de São Marcos de Lamis, junto com o padre Benedito, foi seu diretor espiritual.

O padre Benedito e o padre Agostinho, ambos de São Marcos de Lamis, por toda a vida gozaram da estima, da confiança e da veneração de seu ilustre filho espiritual.

O ar marinho de Serracapriola não fez bem à saúde precária do frei Pio de Pietrelcina, que rapidamente se agravou. Foi confirmado o diagnóstico já dado pelo médico que o havia visitado em Sant'Elia a Pianisi: "broncoalveolite no lado esquerdo". As dores agudas que sentia nos pulmões e a febre alta eram, segundo o médico, produzidas pela doença. Superada a fase crucial, os superiores decidiram mandá-lo para convalescer em Pietrelcina, na casa paterna, convencidos de que os ares da terra natal, o afeto dos familiares e as atenções de mamãe Peppa certamente o ajudariam a recuperar a saúde.

Frei Pio se alojou na sala, única e isolada, chamada "la Torretta", construída num terreno rochoso. Nela não demorou a reencontrar a atmosfera silenciosa do convento.

Os habitantes do bairro Castelo tratavam com respeito aquele que agora chamavam de "o nosso fradinho". Embora não fosse ainda padre, acostumaram-se a conversar com ele e pedir-lhe conselhos e orações. Assim, de modo muito insólito e certamente não previsto, frei Pio se preparou para sua "missão sacerdotal de direção e apoio dos corações".

Aparentemente restabelecido, prosseguiu por uns seis meses os estudos de teologia no estudantado capuchinho de Montefusco (Avelino).

No dia 19 de dezembro de 1908, na catedral de Benevento, frei Pio recebeu as quatro ordens menores: hostiariado, leitorado, exorcizado e acolitado, das mãos de d. Benedito Bonazzi, arcebispo do lugar. Dois dias depois, na mesma catedral, d. Paulo Schinosi, arcebispo de Marcianopoli, conferiu-lhe o subdiaconato.

Na primavera de 1909, as mesmas dificuldades de saúde aconselharam seus superiores a mandá-lo novamente para a família. Foi seu diretor espiritual, padre Agostinho de São Marcos de Lamis, quem o acompanhou a Pietrelcina.

No dia 18 de julho de 1909, na igreja do convento de Morcone, frei Pio foi ordenado diácono.

Depois desse breve parêntese, voltou à cidade natal onde continuou sua formação doutrinal ajudado pelos padres Salvador Pannullo e José Orlando. Em seguida, passou um breve período no convento de Gesualdo, perto de Benevento, onde fez com dedicação alguns cursos de teologia moral.

Preocupado com a contínua piora do próprio estado de saúde e temendo uma visita-surpresa da "irmã morte", frei Pio, que desejava ardentemente o sacerdócio, escreveu uma carta aflita ao seu diretor espiritual, padre Benedito — que se havia tornado, então, ministro provincial da Ordem para todos os conventos da província dos capuchinhos de Foggia —, para que conseguisse antecipar a ordenação sacerdotal. Na carta datada de 22 de janeiro de 1910, lê-se, entre outras coisas:

> Há muito tempo estou-me esforçando para sufocar no meu coração um vivíssimo desejo, mas, confesso-o, todos esses esforços não conseguiram outra coisa senão acendê-lo cada vez mais. Portanto, quero confiar este desejo a quem pode satisfazê-lo. Muitas pessoas, que, acredito, conhecem as últimas decisões da Santa Sé, me garantiram que se V. Revm[a] pedisse a dispensa para a minha ordenação, ex-

pondo o meu estado de saúde presente, tudo seria conseguido. Se, então, depende tudo do senhor, não me faça mais esperar por aquele dia. Assim, se o grande Deus, pela sua misericórdia, estabeleceu perdoar os sofrimentos do meu corpo, mediante a abreviação do meu exílio na terra, como espero, morrerei feliz, pois não tenho outro desejo aqui na terra.[1]

No dia 16 de julho de 1910, o padre Benedito informou ao frei Pio que havia conseguido a dispensa da Santa Sé. Assim, no dia 10 de agosto, na catedral de Benevento, d. Paulo Schinosi, arcebispo titular de Marcianopoli, ordenou-o sacerdote. O grande sonho de se tornar "monge de missa com barba" havia-se realizado.

Estavam presentes na ordenação sacerdotal o arcipreste d. Salvador Panullo e mamãe Peppa, com os olhos marejados de lágrimas de comoção e gratidão com o pensamento de que, por vontade de Deus, seu Francisco havia-se tornado para sempre Padre Pio de Pietrelcina, ministro de Jesus Cristo.

Recordando esse dia inesquecível, o neo-sacerdote escreveu estas ardentes palavras:

> Jesus, meu anseio e minha vida,
> hoje, trepidante, te elevo
> num mistério de amor.

---

[1] *Epistolario*, I, pp. 178-179.

Contigo eu seja para o mundo
Caminho, Verdade e Vida,
e para ti sacerdote santo,
vítima perfeita.

Padre Pio, capuchinho

Na quinta-feira, 11 de agosto de 1910, voltou a Pietrelcina, recebido pelo seu povo ao som de música, e celebrou a primeira missa simples na igreja de Sant'Ana. No domingo seguinte, 14 de agosto, cantou sua primeira missa, rodeado pelos parentes e concidadãos em festa. O único grande ausente era o pai Grazio, ainda na América, que festejou o acontecimento histórico brindando com os seus amigos.

Participou da missa solene também o segundo diretor espiritual, padre Agostinho de São Marcos de Lamis, que fez a homilia de ocasião, evidenciando os "lugares" privilegiados do ministério sacerdotal: o altar, o púlpito, o confessionário. Dirigindo-se ao seu filho espiritual, formulou-lhe um augúrio que, depois, se revelou profético: "Você tem pouca saúde e, portanto, não pode ser um pregador. Auguro-lhe, por isso, que seja um grande confessor". Esse augúrio cumpriu-se ao pé da letra, pois Padre Pio passou no confessionário a maior parte da vida, realizando diversas conversões dentre seus penitentes.

Capítulo 4
Em Pietrelcina para se curar

Padre Pio permaneceu em Pietrelcina até fevereiro de 1916. Os anos passados na cidade natal, depois da ordenação sacerdotal, anos marcados por contrariedades e obstáculos, estão cheios de mistério: nem o neo-sacerdote nem seus diretores espirituais conseguem atribuir um significado a esses fatos. Mais tarde, o padre Agostinho vai dizer que "a doença de Padre Pio era misteriosa, como também o era sua permanência em Pietrelcina". Mas para o Pai do céu, que desde o seio materno o havia escolhido para uma missão especial nesta terra atribulada pelo mal, não havia nenhum mistério.

A longa permanência de Padre Pio em Pietrelcina — quase sete anos de provas, doenças, vexações diabólicas, tentações, consolações místicas, visões e graças espirituais — foi o período estabelecido por Deus para plasmar a vocação sacerdotal e o espírito de seu escolhido, dispondo-o de tal forma a aceitar por amor e a viver em plenitude aquela missão específica de vítima estigmatizada e imolada pela conversão e salvação do gênero humano. Tudo isso o haveria de associar à paixão de Cristo como "co-redentor", tanto que podia repetir as palavras escritas pelo apóstolo Paulo aos cristãos de Colossas: "Alegro-me nos sofrimentos que tenho suportado por vós e completo, na minha carne, o que falta às tribulações de Cristo em favor do seu Corpo que é a Igreja. Dela eu me fiz ministro, exercendo a função que Deus me confiou a vosso respeito..." (Cl 1,24-25).

Em 1903, no seu primeiro retorno da América, papai Grazio tinha comprado um alojamento modesto de dois quartos com uma escada externa, no número 44 da rua Salita Castello, pouco distante da casa que os Forgione possuíam em Vico Storto Valle. Nesse alojamento modesto o Padre Pio viveu os primeiros seis anos de seu sacerdócio, dedicando-se à oração e ao ministério. Ajudava o arcipreste Salvador Pannullo na igreja de Sant'Ana. Este lhe confiou os batizados, os casamentos e os funerais. Permitia-lhe também confessar, mas somente no período pascal; sua saúde precária não lhe permitia fazê-lo todos os dias. Além disso, como pensava estar afetado pela tuberculose — doença muito temida naquele tempo — decidiu-se que teria um cálice e paramentos litúrgicos pessoais.

Padre Pio celebrava a missa na igreja de Sant'Ana, a qual durava às vezes até duas horas; os concidadãos, empenhados como eram nos trabalhos do campo, reclamaram com o arcipreste. E ele, seguindo o conselho do padre guardião dos capuchinhos, que de vez em quando ia a Pietrelcina para se certificar do estado de saúde de Padre Pio, começou a ordenar-lhe, em nome da santa obediência, que celebrasse a missa em tempo mais breve.

Depois da celebração, Padre Pio se entretinha longamente em oração atrás do altar para o agradecimento, interrompido freqüentemente por êxtases imprevisíveis.

Sempre afável e cordial, Padre Pio passava de cabeça inclinada pelas ruazinhas da cidade; saudava a todos e, quando precisava, repreendia alguns para alertá-los contra o pecado: "Sta coccia, sta coccia... te l'aggia accunzà io" (Essa cabeça, essa cabeça... deixa que eu cuido dela); ou então: "Ndrianella, Ndrianella, oggi non si fatica. È domenica" (Adrianinha, Adrianinha, hoje não se trabalha. É domingo).

"Bom-dia, padre Francisco", disse-lhe um colega que não o via há tempo. Respondeu: "Eu não me chamo mais Francisco. Batizei-me de novo e agora me chamo Padre Pio".

Vítima pelos pecadores e pelas almas do purgatório

No tempo que passou em Pietrelcina, Padre Pio amadureceu e aperfeiçoou sua vocação de "vítima". No dia 28 de novembro de 1910, escreveu ao seu diretor espiritual, padre Benedito, para pedir-lhe a permissão, e agir dentro da obediência:

> Há tempo sinto em mim uma necessidade de oferecer-me ao Senhor, vítima pelos pobres pecadores e pelas almas do purgatório. Esse desejo foi crescendo cada vez mais no meu coração, de tal maneira que agora se tornou, por assim dizer, uma forte paixão. Fiz, é verdade, esta oferta ao Senhor diversas vezes, pedindo-lhe que, se quisesse, podia fazer cair sobre mim os castigos que estão preparados para os pecadores e para as almas do purgatório, até centuplicando-os sobre mim, contanto que converta e salve os pecadores e leve logo para o paraíso as almas do purgatório. Mas agora, queria fazer ao Senhor esta oferta com a sua permissão. Parece-me que o próprio Jesus o quer. Estou seguro de que não terá qualquer dificuldade para me conceder esta permissão...[1]

O padre Benedito respondeu afirmativamente com carta do dia 1º de dezembro de 1910:

---

[1] *Epistolário*, I, p. 206.

Podes fazer a oferta de que me falas, que será muito bem recebida pelo Senhor. Estende também teus braços sobre tua cruz oferecendo ao Pai o sacrifício de ti mesmo em união com o amabilíssimo Salvador; padece, geme e reza pelos iníquos da terra e os míseros da outra vida, tão dignos da nossa compaixão nas suas pacientes e indizíveis angústias...[2]

Uma oferta assim certamente foi agradável ao Senhor que não lhe poupou nem dores físicas atrozes nem tremendas vexações diabólicas, mas, por sua graça, a essas tribulações se alternavam visões celestes e colóquios com Jesus, com Nossa Senhora, com o anjo da guarda, com são Francisco de Assis. Deus permitia essas consolações espirituais, a fim de que Padre Pio pudesse ter a força e a coragem de perseverar na sua condição de vítima imolada pela salvação da humanidade.

No verão — quando sua família ia morar na propriedade de Piana Romana —, também o Padre Pio, depois da celebração da missa, ia para o campo; passava o resto do seu dia estudando, meditando e rezando numa cabana de palha construída debaixo de um frondoso olmo pelos vizinhos, para que pudesse defender-se do calor.

Na cabana debaixo do olmo aconteceram fenômenos sobre-humanos significativos

---

[2] Ibidem, p. 207.

como, por exemplo, o que aconteceu na tarde de 7 de setembro de 1911, quando o Padre Pio percebeu "uma mancha vermelha no centro das mãos", precedida por uma dor aguda. Ficou muito perturbado porque, simultaneamente, sentiu fortes pontadas também debaixo dos pés. No dia seguinte, escreveu ao padre Benedito, contando-lhe o acontecido:

> Ontem à tarde aconteceu-me uma coisa que não sei explicar nem compreender. No meio da palma das mãos apareceu uma mancha do tamanho de um centímetro, acompanhada também de uma dor forte no meio daquela mancha vermelha. Essa dor era mais sensível no meio da mão esquerda, e dura até agora. Também debaixo dos pés percebo um pouco de dor.
>
> Faz quase um ano que esse fenômeno vem-se repetindo. Dessa vez, porém, fazia um bom tempo que não se repetia... Teria muitas coisas para lhe dizer, mas falta-me a palavra; digo-lhe somente que as batidas do coração, quando me encontro com Jesus sacramentado, são muito fortes. Parece-me às vezes que quer até sair-me do peito. No altar, às vezes sinto um tal calor por toda minha pessoa, que não posso descrevê-lo. O olho, especialmente, parece-me querer incendiar-se todo. Que sinais são esses, meu padre, ignoro-o.[3]

Depois dos estigmas invisíveis descritos por ele mesmo, Padre Pio experimentou tam-

---

[3] Ibidem, p. 234.

bém a flagelação e a coroação de espinhos. Ao padre Agostinho, que queria saber mais sobre os fenômenos sobrenaturais vividos por seu filho espiritual, respondeu com uma carta datada de 10 de outubro de 1915:

> Em vossa vontade decidida de saber, ou melhor, de receber uma resposta às vossas interrogações, não posso não reconhecer a expressa vontade de Deus, e com mão tremendo e com o coração transbordando de dor, ignorando a causa verdadeira desses fatos, disponho-me a obedecer-vos.
>
> A primeira pergunta que quereis saber é desde quando Jesus começou a favorecer a sua pobre criatura com as suas visões celestes. Se bem me lembro, devem ter começado não muito depois do noviciado.
>
> A segunda pergunta é se lhe foi concedido o dom inefável das suas santas chagas. A isso se deve responder afirmativamente [...]. E tanto esta alma ficou estarrecida diante desse fenômeno, que pediu ao Senhor que lhe retirasse esse fenômeno visível. Desde então, não apareceram mais; no entanto, desapareceram as feridas, mas nem por isso desapareceu a dor muito aguda que sinto, especialmente em algumas circunstâncias e em determinados dias.
>
> A terceira e última pergunta vossa é se o Senhor o fez experimentar e quantas vezes a sua coroação de espinhos e a sua flagelação. A resposta também a essa outra pergunta deve ser ainda afirmativa; sobre o número não saberia determiná-lo, somente posso dizer que há vários anos esta alma sofre com isso e qua-

se uma vez por semana. Parece-me ter-lhe obedecido, não é verdade?[4]

A longa estadia vivida pelo Padre Pio em Pietrelcina foi, talvez, a mais dramática de sua extraordinária vida de vítima consagrada, escolhida para expiar os "crimes" da humanidade. O período pietrelcinense é um "concentrado" de todos os sofrimentos corporais e de todas as alegrias espirituais que viveria nos anos seguintes. Lá, Deus o fez viver em síntese o que havia programado para ele no decorrer de sua vida, até o último dia.

"Tudo aconteceu aqui", disse o mesmo Padre Pio. De fato, em Pietrelcina ele viveu também os longos e amargos dias do seu exílio forçado fora do convento, como se expressou ao seu diretor espiritual, padre Benedito, numa carta do dia 8 de setembro de 1911: "O maior dos sacrifícios que fiz foi exatamente não ter podido viver no convento...".[5]

Pietrelcina pode ser considerada a Nazaré do Padre Pio: a terra e o ambiente que o prepararam para a sua excepcional missão de "co-redentor" da humanidade, junto com Jesus Cristo que é seu "redentor".

---

[4] Ibidem, p. 669.

[5] Ibidem, p. 234.

Aquele horrível "coisa-ruim"

A luta furibunda que Padre Pio deveria sustentar contra Satanás, aquele "coisa-ruim", como ele o chamava, foi-lhe mostrada por Jesus numa visão, antes de seu ingresso no noviciado capuchinho de Morcone. Naquela visão, Jesus o conduziu a um campo muito vasto, em cujos lados estavam enfileirados dois grupos de homens: um grupo, com horríveis focinhos negros, de rosto e riso satânicos — os demônios; o outro, composto de criaturas estupendas e luminosas — os anjos. Os dois grupos deviam assistir, como espectadores, a um violento corpo-a-corpo entre o jovem Francisco Forgione e Satanás, o príncipe das trevas.

Um homem gigantesco, de aspecto aterrorizante, avançou ameaçador contra o jovem adversário, declarando-se imbatível. Animado por Jesus, Francisco o enfrentou com coragem, obrigando-o a um combate furioso. E venceu-o. Satanás, derrotado clamorosamente, foi obrigado a fugir.

Esse combate era somente o prelúdio dos futuros e violentos ataques que o demônio empreenderia contra o Padre Pio; ataques que se prolongaram até os últimos dias de sua vida, dos quais, com a graça de Deus, sempre saiu vitorioso.

Padre Pio chamava Satanás de "barba azul", "apóstata infame", "coisa-ruim", "cara feia"; e aos diabos, seus colaboradores, chamava "coisas-ruins" e "caras feias". Estes sempre o reduziam a condições de fazer dó, como se lê em algumas cartas escritas por ele aos seus diretores espirituais. As cartas, por exemplo, de 18 de janeiro de 1912; de 28 de junho de 1912; de 1º e 13 de fevereiro de 1913: todas escritas de Pietrelcina e endereçadas ao seu diretor espiritual, padre Agostinho. Reproduzimos alguns de seus trechos, em ordem cronológica:

> O barba azul não quer dar-se por vencido. Assumiu quase todas as formas. De alguns dias para cá vem me visitar junto com seus satélites, armados de bastões e de instrumentos de ferro... Não sei quantas vezes me derrubou da cama arrastando-me pelo quarto.[6]

> Agora é preciso que lhe diga o que me aconteceu nestas duas últimas noites. A penúltima noite, passei-a muito mal. Aquele coisa-ruim, desde às dez, quando me recolhi, até às cinco da manhã, não fez outra coisa a não ser me espancar continuamente. Foram muitas as sugestões diabólicas que me punha na cabeça; pensamentos de desespero, de desconfiança para com Deus; mas viva Jesus!, pois eu me defendi repetindo a Jesus: *vulnera tua merita mea*. Pensava que aquela noite fosse a última da minha existência. Ou, mesmo que

---

[6] Ibidem, p. 252.

não morresse, que perderia a razão. Mas Jesus seja bendito, porque nada disso aconteceu. Às cinco da manhã, quando o coisa-ruim foi embora, apoderou-se de toda a minha pessoa um frio que me fazia tremer da cabeça aos pés, como uma cana exposta a um vento impetuosíssimo. Durou um par de horas [...]. Afinal, vem o menino Jesus, a quem disse que queria fazer somente a sua vontade. Consolou-me e reanimou-me pelos sofrimentos da noite...[7]

[...] Aqueles coisas-ruins, recentemente, quando recebi sua carta, antes de abri-la, disseram-me que devia rasgá-la ou jogá-la no fogo. Se fizesse isso, retirar-se-iam para sempre e não me molestariam mais. Fiquei mudo, sem dar-lhes qualquer resposta, embora os desprezasse no meu coração. Acrescentaram, então: "Nós queremos isso simplesmente como uma condição para a nossa retirada. Se você fizer isso, não vai desprezar ninguém". Respondi-lhes que nada haveria de me afastar do meu propósito. Arremessaram-se contra mim como tigres famintos, amaldiçoando-me e me ameaçando que haveria de pagar-lhes. Meu padre, mantiveram a promessa. Desde aquele dia me batem diariamente...[8]

[...] Eu estou muito contente. Jesus não cessa de me querer bem, mesmo com todo o meu demérito, porque não cessa de me fazer sofrer ainda com aqueles "caras feias". Já são 22 dias ininterruptos que Jesus lhes permite

---

[7] Ibidem, p. 292.

[8] Ibidem, p. 334.

> desafogar a ira contra mim. O meu corpo, meu pai, está todo machucado pelas muitas pancadas que recebeu até o presente pelas mãos de nossos inimigos. Mais uma vez chegaram a tirar-me até a camisa e a me bater nesse estado. Diga-me: não foi talvez Jesus que me ajudou nesses momentos tristes em que, tão privado de todos, os demônios procuraram destruir-me e me perder? [...] Não sei o que vai me acontecer; sei, porém, somente uma coisa com certeza: o Senhor não me faltará nas suas promessas. Não tenha medo, eu o farei sofrer, mas dar-lhe-ei também a força.[9]

A permissão de humilhar de todas as formas o Padre Pio, concedida por Jesus a Satanás e aos seus satélites, tem uma motivação lógica: o santo capuchinho é uma "fortaleza inexpugnável", construída por Deus entre Satanás e as almas que ele queria condenar. Por isso, o furor diabólico que se desencadeava sem interrupção contra ele devia-se ao fato de ser ele um obstáculo insuperável, capaz de impedir aquelas "horríveis coisas-ruins" de atrair o maior número de almas possível para levá-las ao inferno.

Quando a provadíssima alma do Padre Pio entra naquele terrificante túnel escuro, chamado pelos teólogos "noite tenebrosa do espírito", o barba azul e os seus caras feias afiam suas armas e fazem qualquer esforço

---

[9] Ibidem, pp. 338-339.

para roubar-lhe o dom da fé. No dia 26 de novembro de 1917, de S. João Rotondo, escreve ao padre Agostinho:

> [...] Ainda uma vez o Senhor me expôs à fúria de Satanás. Seus assaltos são violentos e contínuos. O problema é que esse "apóstata infame" quer tirar-me do coração aquilo que há de mais sagrado: a fé. Assalta-me em todas as horas do dia; perturba-me o sono nas horas da noite. Até este momento em que escrevo, tenho a plena consciência de nunca ter sido vencido por ele, mas no futuro?![10]

As tentações contra a fé não duraram pouco tempo para o Padre Pio, como mostra o trecho da carta seguinte, do dia 24 de janeiro de 1918, endereçada ao padre Benedito:

> O meu espírito está sempre envolvido nas trevas, que vão-se fazendo cada vez mais densas. As tentações contra a fé vão crescendo cada vez mais. Eu vivo então sempre na escuridão, procuro ver, mas inutilmente. Meu Deus, quando vai despontar, não pretendo o sol, mas pelo menos a aurora? O que me sustenta é somente a palavra da autoridade. *Fiat voluntas Dei*![11]

Padre Pio estava mais do que habituado aos contínuos e violentíssimos ataques do demônio. Sabia também como sair vitorioso deles.

---

[10] Ibidem, pp 966-967

[11] Ibidem, p. 988.

Seguro em sua experiência pessoal, indicava às almas confiadas à sua direção espiritual métodos eficazes para afastar as tentações e os enganos do maligno. Recomendava, sobretudo, a devoção a Nossa Senhora e a récita do rosário com a meditação dos mistérios; a devoção ao anjo da guarda, que está junto de Deus, para que nos ajude e socorra na necessidade; a devoção ao Príncipe das milícias celestes: são Miguel Arcanjo que, a seu tempo, combateu vitoriosamente no céu uma batalha cruenta contra Satanás e seus sequazes, dominando-os. Recomendava também a oração assídua: aquelas simples, como as jaculatórias, para serem recitadas durante o trabalho, no decorrer do dia.

O padre Benedito não via com bons olhos a permanência prolongada de Padre Pio em Pietrelcina. Esse descontentamento provocava no interessado terríveis sofrimentos morais. Uma vez que, pelos já citados motivos de saúde, seu retorno para o convento não era possível, o padre Benedito obteve para ele, do papa, a permissão para continuar a morar fora do convento para cuidar de sua saúde e, simultaneamente, vestir o hábito capuchinho. Essa concessão, feita por Bento XV no dia 25 de fevereiro de 1915, foi comunicada ao Padre Pio pelo seu diretor espiritual, no dia 7 de março desse mesmo ano.

* * *

À longa série de sofrimentos já descritos acrescentaram-se logo outros, entre os quais o estouro da Primeira Guerra Mundial (1914-1918), e o conseqüente serviço militar do Padre Pio de Pietrelcina e de muitos outros irmãos seus, inclusive seu segundo diretor espiritual, padre Agostinho, que mereceu a medalha de mérito "por louváveis serviços prestados nas unidades mobilizadas pela Cruz Vermelha italiana" (junho de 1919).

Capítulo 5
Acabou a paz

Estamos na segunda década do século XX: a Europa se encaminha quase compacta para a Primeira Guerra Mundial, que tem início no dia 28 de julho de 1914 e terminará no dia 11 de novembro de 1918, com a assinatura do armistício também por parte da Alemanha.

Os movimentos irredentistas, nacionalistas e imperialistas, as rivalidades coloniais e industriais das grandes potências, demolem gradualmente aquele longo período de paz que reinava na Europa desde 1871, com o término da guerra franco-prussiana.

Os dois blocos rivais — o da "Tríplice Aliança" (Alemanha, Áustria, Itália) e o da "Tríplice Entente" (França, Rússia e Inglaterra) — começam a se desfazer.

Na Europa, a zona que cria maiores tensões é a da Península Balcânica, onde a Áustria e a Rússia fazem uma política de expansão na direção do Mar Egeu. A Rússia apóia a Sérvia que, certa do seu apoio, torna-se o centro de atração dos estados eslavos sujeitos ao império austro-húngaro. Por esse e outros motivos, o governo de Viena decide declarar guerra à Sérvia. O pretexto foi fornecido pelo assassinato do arquiduque Francisco Ferdinando, herdeiro do trono austríaco, acontecido em Sarajevo no dia 28 de junho de 1914, pelas mãos de um estudante bósnio. Assim, no dia 28 de julho desse mesmo ano, a Áustria do imperador Francisco José de Asburgo, auxiliada pela Alemanha do imperador Guilherme II de Hohenzollern, declara guerra à Sérvia, pondo fim à paz na Europa.

No início do conflito o governo italiano declarou a própria neutralidade, esperando obter pacificamente da Áustria a cessão de Trento e Trieste, mas as negociações falharam. Então, a Itália saiu da "Tríplice Aliança" para aliar-se à "Tríplice Entente", que se tornou "Quádrupla Entente".

Em nossa cidade debatiam-se as duas correntes: a dos *neutralistas* e a dos *intervencionistas*, que compreendia também o grupo dos *irredentistas*, isto é, daqueles que se batiam pela realização da unidade nacional. Venceram os intervencionistas, que afirmavam justa a guerra combatida pela Entente porque visava também "refrear" a prepotência dos assim chamados Impérios Centrais (Áustria, Hungria e Alemanha) e fazer triunfar em toda a Europa o princípio de "nacionalidade".

Assim, no dia 24 de maio de 1915, o governo italiano, presidido por Antônio Salandra, declarou guerra ao império austro-húngaro, dando como motivo a vontade de completar a unidade nacional. Na publicação que o rei Vítor Emanuel III de Savóia fez aos soldados foram usadas palavras de efeito: "A vós, a glória de implantar o tricolor da Itália nas terras sagradas que a natureza pôs nos limites da nossa pátria. A vós, a glória de realizar finalmente a obra começada com muito heroísmo pelos vossos pais".

A trágica guerra envolveu não somente os Estados europeus, mas também o Japão e os Estados Unidos da América, que foram a campo ao lado da "Entente". O Japão queria destruir as posições alemãs no Extremo Oriente, enquanto os Estados Unidos da América, indignados pelos "brutais" métodos germânicos de guerra, visavam restabelecer a paz na Europa e salvaguardar seus interesses econômicos e financeiros. Aquela guerra que convulsionou a vida econômica, social e política da Europa, mudando até o seu rosto, foi vencida pelos Estados da Entente e seus aliados, mas a vitória custou milhões de prejuízos, deixou nos campos de batalha inumeráveis mortos, e nos hospitais, milhares de feridos e inválidos.

No que diz respeito à Itália, diremos brevemente que, no início do conflito, o exército, comandado pelo general Luiz Cadorna, teve de enfrentar as formidáveis fortalezas austríacas no Trentino e no Carso, sem resultados satisfatórios; em agosto de 1916, conquistou Gorizia. No dia 24 de outubro de 1917, o exército austríaco, ajudado pelo alemão, destruiu a frente em Caporetto, obrigando o exército italiano a se retirar precipitadamente da linha do Isonzo, abandonando não somente os territórios conquistados, mas também Friuli e parte do Vêneto. O balanço da desastrosa retirada, que se deteve na linha do Piave e do Monte Grappa, foi de dez mil mortos, trinta mil feridos, quase trezentos mil prisioneiros, sem contar a ingente quantidade de víveres, de materiais e de armas deixados no campo de batalha.

O rio Piave, imortalizado pelo valor dos soldados e pela célebre canção do poeta E. A. Mário, composta depois da destruição de Caporetto, é lembrado nos versos iniciais: "O Piave murmurava plácido e calmo, à passagem dos primeiros soldados, no dia 24 de maio", quando o exército marchava em direção ao *front* da guerra. Porém, nos versos finais soa toda a vontade de resistência e de vitória, não somente do exército, mas também de todo o povo italiano: "O Piave murmurou: o estrangeiro não passa!".

Com a gloriosa batalha de Vittorio Vêneto (24 de outubro a 3 de novembro de 1918), a

Itália chegou à vitória final. No dia 4 de novembro, em Vila Giusti, perto de Pádua, a Áustria assinou o armistício e no dia 11 de novembro assinou-o também a Alemanha.

O soldado Francisco Forgione

O cardeal José Sarto, eleito sumo pontífice em 3 de agosto de 1903 com o nome de Pio X, ofereceu-se a Deus como vítima de propiciação para afastar o flagelo da guerra que ele havia previsto e anunciado. Morreu no dia 21 de agosto de 1914, 24 dias depois do estouro da guerra. Sucedeu-lhe o card. Giacomo Della Chiesa (1914-1922), que quis chamar-se Bento XV, cujo pontificado foi cheio de preocupações também em virtude das dolorosas disputas bélicas.

De Pietrelcina, com carta de 7 de setembro de 1914 endereçada ao padre Agostinho, Padre Pio acena a estes acontecimentos:

> Demos graças infinitas ao piedoso Jesus por ter enxugado as lágrimas de sua Igreja e por haver consolado a sua viuvez, enviando-lhe o seu chefe [...] Auguramos-lhe que seja verdadeiramente um sucessor digno daquele grande papa que foi Pio X [...] Ele foi a primeira, a maior e a mais inocente vítima da guerra fratricida, que perturba com armas e com soldados e enche de terror toda a Europa. Ele não pôde mais resistir ao desencadear da pavorosa tempestade, e seu coração, que por toda a

vida tinha sido uma fonte de apostolado de paz em todo o mundo, partiu-se num estrondo de dor. Verdadeiramente ele faltou a este mundo unicamente pelo grande amor que lhe ardia no peito. Rezemos, meu padre, pelo fim das hostilidades; desarmemos o braço do divino juiz, justamente irado contra as nações, que nada querem saber da lei do amor.[1]

O estouro da Primeira Guerra Mundial criou um "verdadeiro transtorno" nas províncias dos capuchinhos da Itália, porque muitos religiosos foram chamados às armas. No dia 6 de novembro de 1915, também o Padre Pio teve de se apresentar no Distrito Militar de Benevento para cumprir seu dever cívico. No dia 6 de dezembro do mesmo ano foi mandado para a 10ª Companhia de Saúde, na cidade de Nápoles. Mas no dia 18 do mesmo mês voltou para Pietrelcina, com uma licença de convalescença que lhe foi concedida por um ano.

Sobre a vida militar do Padre Pio não faltam episódios pitorescos, mas são ainda mais abundantes os que permitem conhecer o caminho que o Senhor lhe reservava nos anos atribulados da guerra. Com a mobilização, deixa o hábito e veste o uniforme militar: um uniforme, coitado, muito largo para seu corpo franzino. Seus contemporâneos dizem que

---

[1] *Epistolário*, I, pp. 493-495.

ele tinha um ar muito embrulhado e embaraçado. Seus superiores militares, vendo não só sua falta de competência e treinamento, mas também sua doçura e extrema humildade, destinaram-no a trabalhos menos cobiçados. Foi sentinela, varredor, tapa-buraco... um pouco objeto de zombaria de todos. Mas não era isso que lhe era mais penoso. Por amor do seu Senhor crucificado, toda pena lhe parecia suave. Aquilo que o fazia sofrer atrozmente era a vida do quartel com as desenvolturas e liberdades de comportamento dos seus camaradas, sua linguagem muitas vezes permeada de palavrões, imprecações e blasfêmias, de torpezas que ele desconhecia. Esse lado deplorável da vida militar, a que freqüentemente estão sujeitas as tropas da reserva, era o seu martírio cotidiano.

Mas Deus tinha outros planos, como sempre desconcertantes, mas salutares. Dedicado aos pecadores, o Padre Pio devia aprender o que é o pecado, não por meio dos livros, mas vendo-o de perto, monstruosamente desmascarado, como um desafio à justiça infinita. Ele não só aprendeu a conhecer o pecado; aprendeu a amar os pecadores através do lodo que os desfigurava. Seu olhar, aguçado pela graça, sabia distinguir almas imortais ligadas ao pecado por cadeias fortes, mas igualmente filhas de Deus. No fogo da prova, esse contemplativo, aos poucos, torna-se apóstolo.

Não sabemos nada de sua permanência no hospital da Santíssima Trindade, em Nápoles, onde, mais tarde, esteve adido aos trabalhos mais humildes e abjetos, como servente. Não há dúvida de que ele aprendeu aí a grande piedade pelos corpos doentes ou feridos. Cada novo dia lhe trazia a dilacerante lição das coisas. Como remediar esse estrago do sofrimento inevitável? O que fazer para orientá-lo para a cruz redentora? Silencioso, solitário, incapaz, inexperiente, ensacado no seu uniforme malfeito, o soldado Francisco Forgione cumpria, da melhor forma que podia, as ordens que lhe eram dadas, expondo-se facilmente como alvo aos gracejos dos seus camaradas.

Quem podia imaginar que a cada gesto suas mãos, misteriosamente estigmatizadas, causavam-lhe dores insuportáveis? Se sua mãe gostava de mexer com ele sobre esse assunto — "Padre Pio, parece que você passa o tempo todo caçando borboletas" —, seus camaradas, ao vê-lo, deviam certamente rir às gargalhadas.

Quando, mais tarde, alguém olhou extasiado as suas feridas, o Padre Pio respondeu rudemente: "Você acha que o Senhor quis dar-mas como decoração?". Nesta resposta há quase uma lembrança das duras humilhações sofridas durante a vida no quartel.

Afinal, o "divino carnífice" teve piedade da sua vítima. A liberdade veio sob a forma de doença, que lhe valeu uma licença de convalescença por um ano, durante o qual os superiores o mandaram primeiro para Foggia, depois para San Giovanni Rotondo, onde chegou pela primeira vez em 28 de julho de 1916. De volta a Nápoles, recaiu doente (foi quando fez estourar os termômetros da enfermaria, com grande assombro dos médicos) e foi de novo mandado de licença por seis meses. Também dessa vez os seus superiores o mandaram para San Giovanni Rotondo. No fim dessa trégua, Francisco Forgione não se apresentou ao ser chamado e foi declarado desertor. O brigadeiro dos *Carabinieri* de Pietrelcina recebeu ordem de procurar e mandar depressa, sob escolta, o procurado Francisco Forgione.

O alto comando de Nápoles começava a perder a paciência. Os *Carabinieri*, vivamente repreendidos, não sabiam onde procurar. O desertor Francisco Forgione continuava não sendo encontrado. Finalmente, um dia, o brigadeiro de San Giovanni Rotondo bateu à porta do convento dos capuchinhos e confidenciou as suas preocupações ao frade porteiro. "Como? Vocês procuram Francisco Forgione? Ele está aqui conosco! É o Padre Pio." O brigadeiro quase desmaiou.

Padre Pio? *Per Bacco!* Na cidade todos o conheciam e gostavam dele. Padre Pio desertor! No entanto, não havia como tergiversar. A ordem era clara e cheia de ameaças. Informado, o Padre Pio tomou imediatamente o trem. Apenas chegado a Nápoles, apresentou-se ao capitão que franziu a testa severamente: "Soldado Forgione, você sabia que foi declarado desertor?".

Padre Pio não se perturbou por tão pouco. "Não, capitão, não sou desertor. Eis a permissão para a minha licença. Leia: 'Em licença por seis meses, depois, aguardar ordens'. Obedeci. Esperei... A ordem chegou somente ontem. Parti imediatamente."

O capitão, estupefato, fixou-o. Esse diabo de homem tinha razão! E dizer que tantos pobrezinhos, durante quase um ano, tinham passado muita raiva por causa dele! A correspondência sobre seu caso resultou num imponente monte de papéis.

"Muito bem, muito bem!", resmungou. "Pode ir embora."

O soldado Francisco Forgione saiu do episódio com um ar perfeitamente inocente. Se seu bom anjo se divertira em prolongar esse qüiproquó, por razões profundas e inexplicáveis, não era problema seu: ele tinha obedecido. E pensava: "Para fazer guerra, tenho armas diversamente eficazes do que aquelas que se esforçam por me fazer manejar".

Ainda no período do serviço militar, o Padre Pio de Pietrelcina — número de matrícula 12094 — voltou para o quartel em Nápoles no dia 18 de dezembro de 1916 e passou ali as festas natalinas. Mas no dia 30 do mesmo mês foi mandado "em licença ilimitada". Todavia, no papel de matrícula, limitava-se a seis meses, que se tornaram depois oito, por motivo de um desvio postal do papel com a ordem.

No dia 19 de agosto de 1917, nosso soldado voltou novamente para o quartel e foi declarado apto para os serviços internos; permaneceu lá até o dia 5 de novembro, dia em que obteve uma nova licença de quatro meses, para convalescença, que passou em San Giovanni Rotondo. No dia 5 de março de 1918, retomou novamente o serviço, mas no dia 15 foi reformado por causa de uma "broncoalveolite dupla". Naquele mesmo dia, escreveu de Nápoles duas breves cartas, endereçadas uma ao padre Benedito, e outra ao padre Agostinho, para informá-los de que estava "definitivamente livre do exército".

No período que vai de 6 de novembro de 1915, dia em que o Padre Pio se apresentou ao Distrito Militar de Benevento, até 15 de março de 1918, dia em que foi reformado pelas autoridades sanitárias militares de Nápoles, ele passou no serviço militar 182 dias.

No dia 16 de março de 1918 — a nove meses mais ou menos do fim da sangrenta guerra — pôde finalmente depor o uniforme militar, com serenidade, para vestir de novo o amado hábito capuchinho. Na folha de licença declarava-se, de fato, que o soldado Francisco Forgione, classe 1887, tinha servido à Pátria "com fidelidade e honra".

Depois da licença, Padre Pio foi até Pietrelcina para saudar os pais, os parentes e os concidadãos. Voltou depois para San Giovanni Rotondo. Da metade de abril até metade de maio, morou no convento capuchinho de San Marco La Catola, onde o padre Benedito o havia convidado para conversar, com ele e o padre Agostinho, sobre os "preocupantes" problemas que perturbavam seu espírito. De lá, voltou definitivamente para San Giovanni Rotondo, como se sabe pela sua carta datada de 20 de maio de 1918, com a qual agradece ao padre Benedito pela hospitalidade recebida:

> Meu dever era escrever para agradecer-lhe tudo, logo que cheguei aqui de volta, e se não o fiz foi porque fiquei chocado com o doloroso incidente acontecido comigo durante a viagem de Foggia para cá. No meio do caminho quebrou-se o automóvel e pela impressão causada no momento, pelo pernoite em campo aberto, o sistema nervoso ficou de tal forma abalado, que somente agora começa a voltar ao normal...[2]

---

[2] Ibidem, p. 1.025.

Para sempre em San Giovanni Rotondo

Os ares de montanha de San Giovanni Rotondo, cidadezinha situada no planalto gargânico a uns seiscentos metros sobre o nível do mar, foram um verdadeiro bálsamo para os pulmões doentes de Padre Pio. Aí pelo menos conseguia respirar.

O convento e a pequena igreja de Santa Maria das Graças tinham sido construídos com cuidado numa colina, protegidos pela montanha que, obscurecida pelos bosques, se erguia maternalmente por trás.

Esse oásis de paz, isolado do mundo, estava ligado ao centro habitado por um atalho poeirento de quase dois quilômetros, cravado no meio das rochas.

Tudo lá em cima falava de Deus! As amendoeiras e as oliveiras, emulando a solenidade gestual dos frades, elevavam ao céu seus braços, em oração. Somente algum pastor levava as suas ovelhas até aquela altura. O silêncio era quebrado unicamente pelo som do chocalho, pendurado ao pescoço de um carneiro, ou do sibilar do vento que anunciava a chuva.

> Aquele lugar agradou muito ao Padre Pio que, imerso no recolhimento entre as cadeiras do coro, imóvel, saboreava o alívio de um pouco de frescor para o seu corpo enfraquecido e para a sua alma inflamada de amor. De noite,

a lembrança da mãe, dos seus cuidados, de Pietrelcina, voltava à sua mente. Quantas vezes, aproximando-se da janela, com a mão direita desenhava no vazio um carinho, que parecia muito com uma bênção. Sua presença em San Giovanni Rotondo atraiu um "punhado de almas assíduas, fiéis, que não faltavam", desejosas de seguir o Senhor com um guia capaz e paterno.

Nasceram as primeiras filhas espirituais que estavam destinadas a crescer desmesuradamente: Rachelina Russo, as irmãs Ventrella, Giovanna e Lúcia Fiorentino, Maria Ricciardi, Madalena Cascavilla.

O Padre Pio acompanhava a formação do grupo com conferências periódicas, realizadas quase todas as quintas-feiras e aos domingos. Queria que aquelas filhas do seu espírito freqüentassem assiduamente os sacramentos da confissão e da comunhão; que praticassem todas as virtudes e em particular a pureza, a modéstia e a caridade; que dedicassem não pouco tempo à meditação. No seu coração alegrava-se vendo-as progredir na ascese e agradecia a Deus pelos frutos abundantes do seu apostolado.[3]

Padre Pio tinha, então, recomeçado a executar as atividades habituais que lhe eram confiadas pela obediência e estava felicíssimo com isso.

* * *

---

[3] Preziuso, G. *Il grande libro di Padre Pio*. Cinisello Balsamo (MI), San Paolo, 1988. pp. 32-33.

Naqueles tempos, San Giovanni Rotondo era uma pequena cidade do Gargano, quase desconhecida. As condições de vida eram "primordiais" e as famílias — antes numerosas — viviam em míseros tugúrios, em promiscuidade com o gado. A pobreza era grande e as doenças infecciosas faziam muitas vítimas.

Hoje, San Giovanni Rotondo está-se tornando uma cidade. É difícil determinar quantos são os peregrinos que todo ano chegam a esse lugar, que ficou famoso em todo o mundo por causa do capuchinho estigmatizado. Segundo alguns, são cerca de quatro ou até cinco milhões de presenças todo ano.

Para ir ao encontro das crescentes necessidades dos fiéis, os padres capuchinhos começaram, em 1994, a construção de uma nova igreja, que surge ao sul do convento, na direção do vale, seguindo idealmente o percurso que, toda manhã, o olhar do Padre Pio fazia da janela de sua cela. O novo templo, projetado pelo famoso arquiteto Renzo Piano, poderá abrigar até dez mil pessoas.

Capítulo 6
O crucificado do Gargano

> ... Meu filho, diga-me tudo e claramente, e não por sinais. Qual é o procedimento do personagem? De onde corre o sangue e quantas vezes no dia ou na semana? O que aconteceu com as mãos e com os pés, e como? Quero saber tudo, de modo completo e exaustivo, e em nome da santa obediência...[1]

Assim, no dia 19 de outubro de 1918, de San Marco La Catola, padre Benedito impunha ao Padre Pio que lhe contasse, "de modo completo e exaustivo", os fatos da estigmatização.

No dia 22 de outubro, de San Giovanni Rotondo, o Padre Pio respondia: "O que posso dizer-lhe sobre aquilo que me pergunta, como aconteceu a minha crucifixão?". E, depois de lhe haver descrito uma série de particulares, prossegue:

> E enquanto tudo isto ia acontecendo, me vi diante dum personagem misterioso, semelhante ao que vi na tarde de 5 de agosto, cuja única diferença era que as mãos, os pés e o lado

---
[1] *Epistolario*, I, p. 1.091.

gotejavam sangue. A visão do personagem se retirou e eu me apercebi que mãos, pés e o lado estavam furados e gotejavam sangue... imagine a angústia que experimentei então e que estou experimentando, continuamente, quase todos os dias.

A ferida do coração emana sangue continuamente, especialmente da quinta-feira à tarde até o sábado. Meu pai, eu morro de dor pela dilaceração e pela confusão que se segue e que eu experimento no íntimo da alma. Tenho medo de morrer sem sangue, se o Senhor não escutar os gemidos do meu pobre coração e se não retirar de mim essa operação. Jesus, que é tão bom, vai-me conceder essa graça? Vai tirar de mim, pelo menos essa confusão que sinto com esses sinais externos?[2]

As palavras realistas do Padre Pio ao padre Benedito não são palavras de um desesperado que recusa a cruz, mas palavras de um santo consciente de ter sido associado por Deus à paixão redentora de seu Filho Jesus Cristo. Até Jesus, na vigília da sua crucificação, enquanto descansava com os discípulos no horto do Getsêmani, foi assaltado de angústia profunda e humana e lhes disse:

"Sinto uma tristeza mortal! Ficai aqui e vigiai"! Jesus foi um pouco mais adiante, caiu por terra e orava para que aquela hora, se fosse possível, passasse dele. Ele dizia: "Abbá! Pai! Tudo

---

[2] Ibidem, pp. 1.093-1.094.

é possível para ti. Afasta de mim este cálice! Mas seja feito não o que eu quero, porém o que tu queres" (Mc 14,34ss).

A reação "de repulsa e de pavor" que no horto do Getsêmani assaltou improvisamente o divino mestre Jesus é um tanto semelhante àquela do seu discípulo fiel, Padre Pio de Pietrelcina. Jesus e o Padre Pio superam ambos o seu pavoroso momento de angústia com a oração. Ambos pedem que lhes seja poupada a prova dolorosa, mas não "contestam" a vontade divina do Pai, pelo contrário, abraçam-na com amor e abandono filial.

Na carta, transcrita em parte, Padre Pio acena a "um misterioso personagem" semelhante àquele visto na tarde de 5 de agosto daquele mesmo ano. De que personagem se trata? De um enviado celeste, que tinha na mão um instrumento semelhante a uma lâmina de ferro muito comprida, com a ponta afiada e flamejante, que atirou com violência na sua alma, estraçalhando-a.

"Esse martírio", confidencia o Padre Pio ao padre Benedito,

> durou sem interrupção até a manhã do dia 7. Não sei dizer o que sofri nesse período tão lutuoso. Até as vísceras eu via que eram dilaceradas e estiradas depois daquele instrumento e tudo era posto a ferro e fogo. Daquele dia até hoje, fui ferido de morte. Sinto no mais ín-

timo da alma minha ferida que está sempre aberta e que me faz ter espasmos continuamente...[3]

Padre Pio não percebeu de imediato o significado real daquela "lâmina de fogo", que lhe traspassou o coração e a alma provocando-lhe uma "ferida de amor", chamada *transverberação*. Mais do que uma graça, considerou-a uma nova prova dolorosa. Será o padre Benedito quem vai explicar-lhe o significado:

> [...] O fato da ferida completa a sua paixão, como completou a do Amado sobre a cruz. Virá talvez a luz e a alegria da ressurreição? Espero, se lhe aprouver. Beije a mão que o transverberou e abrace muito suavemente essa chaga que é um selo de amor.[4]

Santa Teresa d'Ávila, doutora da Igreja, na autobiografia fez algumas descrições semelhantes às do Padre Pio, uma vez que ela também viveu muitas vezes a dolorosa e amorosa experiência da transverberação.

O dom das chagas

O dom da transverberação era o prelúdio da estigmatização. Como ele mesmo testemunhou, recebeu o dom das chagas visí-

---

[3] Ibidem, p. 1.065.

[4] Ibidem, p. 1.069.

veis na manhã da sexta-feira, 20 de setembro de 1918, depois da celebração da santa missa, enquanto, em total recolhimento, fazia a costumeira ação de graças. Estava no coro do convento de San Giovanni Rotondo e olhava com amorosa compaixão o rosto, dramaticamente sofredor, do grande crucifixo de madeira, elevado diante do seu olhar.

> De repente, uma grande luz feriu os meus olhos e, no meio de tanta luz, apareceu-me o Cristo chagado. As mãos, os pés, o coração sangravam e doíam a tal ponto de me fazer perder toda a força para me levantar... (confidência do Padre Pio ao seu concidadão padre José Orlando).

Naquela condição física de causar dó, o neo-estigmatizado arrastou-se do coro até sua cela, atravessando de gatinhas o longo corredor. Deitou-se rezando e agradecendo ao Senhor Jesus, esperando que alguém do convento se fizesse presente. Naquele dia, de fato, Padre Pio estava sozinho, pois os outros dois confrades estavam na cidade para cumprir algumas obrigações e os "fradinhos", hóspedes do Seminário Seráfico, brincavam no pátio.

Quando o padre Paulino, guardião do convento, voltou da cidade, notou o andar vacilante de Padre Pio e as faixas nas mãos que, por pudor, tentava esconder nas mangas amplas do hábito capuchinho. Chamou-o, acompanhou-o à cela e fez com que narrasse o acontecido. Perturbado com esses fatos, escreveu ao superior provincial, padre Benedito, que, esperando poder pessoalmente constatar o misterioso acontecimento, deu ordem para que se calasse. Vindo depois a San Giovanni Rotondo e informado do que havia acontecido ao seu caríssimo filho espiritual, escreveu uma carta ao superior-geral dos capuchinhos, expressando-lhe o que pudera constatar sobre as chagas do Padre Pio: "Não são manchas ou marcas, mas verdadeiras chagas que perfuram as mãos e os pés. A do lado é um verdadeiro rasgo, que verte continuamente sangue ou humor sangüíneo". E também o superior-geral optou pela máxima prudência e discrição e mandou que se calasse até nova ordem.

O padre Rafael de Sant'Elia a Pianisi teve um colóquio com o Padre Pio no dia 14 de outubro de 1966, dois anos antes da morte do grande estigmatizado. Perguntou-lhe sobre como recebera as chagas e referiu sua resposta testemunhando que as feridas ou flechas luminosas tinham partido das mesmas chagas do Crucifixo, transformado num grande personagem, e que o feriram nas mãos e nos pés. Tudo tinha acontecido numa profunda sonolência ou êxtase de amor, enquanto o Padre Pio considerava aquele Cristo que tanto padeceu por nós, e ele mesmo pedia humildemente para participar das dores da paixão de Jesus, de tal modo a se tornar um segundo crucificado.

Esse é um detalhe suplementar, fornecido pelo mesmo Padre Pio, sobre os momentos excepcionais por ele vividos na manhã do dia 20 de setembro de 1918 e sobre o aspecto do misterioso personagem celeste, que provavelmente foi o mesmo que o transverberou no dia 5 de agosto daquele mesmo ano, isto é, o Senhor Jesus.

Capítulo 7
Os numerosos carismas

Além do dom da transverberação e das chagas, o Padre Pio de Pietrelcina recebeu de Deus outros dons ou carismas numerosos: jejuns prolongados, êxtases, ciência infusa, introspecção das consciências, profecia, perfume, bilocação, curas, milagres.

Jejuns prolongados – No dia 18 de março de 1915, o Padre Pio, escrevendo de Pietrelcina ao padre Benedito, lhe confidenciou: "A satisfação, caro padre, das necessidades da vida, como comer, beber, dormir etc., causam-me tanto peso, que não saberia encontrar paralelo senão nas penas que nossos mártires tiveram de enfrentar no ato da prova suprema..."[1]

Ele viveu, de fato, até a idade de 81 anos, com pouco mais ou pouco menos de trezentas calorias ao dia. Excluía quase totalmente o lanche e o jantar e, no almoço, limitava-se a provar as iguarias que lhe eram apresentadas. O que lhe dava vida e o man-

---
[1] *Epistolário*, I, pp. 545-546.

tinha vivo era a eucaristia, "centro" e "motor da minha vida, o meu tudo", como o Padre Pio costumava dizer.

Êxtase – Muitas vezes durante a santa missa, que celebrava todos os dias com participação total no sacrifício de Cristo na cruz e com amor infinito, podia-se vê-lo "num estado de absorção em Deus e de suspensão dos sentidos". Nesse estado podia-se observá-lo também durante o dia, especialmente quando rezava.

Ciência infusa – Introspecção das consciências – Profecia – Num opúsculo intitulado *Padre Pio*, o padre Nello Castello afirma que

> médicos, cientistas, políticos, sacerdotes e o homem da rua recorriam a ele para receber conselhos; levavam problemas graves, idéias para serem clareadas, disputas e perguntas difíceis, cada um no próprio nível, e o Padre Pio dava sempre a resposta exata. Não somente, mas em suas cartas, dezenas de vezes ele escreveu: "Jesus pede para dizer-lhe... Jesus me diz para escrever-lhe assim...".

O Padre Pio conhecia as consciências, o futuro, o passado de seus filhos espirituais; um dia, disse a um deles: "Conheço você, por dentro e por fora, melhor do que você pode ver-se no espelho". Às vezes, ele escrevia e falava línguas que nunca havia estudado.

Profetizou o pontificado de Paulo VI; o fim de alguns homens políticos; que a moeda italiana se tornaria um "papel inútil"; previu a crise econômica, ainda antes de 1960, e o mesmo fenômeno da descristianização atual, ainda na década de 1950.

Perfume – Seria possível que um capuchinho estigmatizado e, como era voz corrente, com fama de santidade, fosse tão vaidoso que se regasse diariamente de perfume precioso, intenso, cheiroso e delicado? Algumas pessoas, que ignoravam esse particular do Padre Pio, se escandalizavam, supondo que esse perfume fosse presente de alguma filha espiritual devota. Quem, no entanto, teve ocasião de percebê-lo sabia que esse perfume especial chegava não somente aos seus fiéis, mas também a pessoas distantes milhares de quilômetros. Percebia-se a distância como "alguma coisa" levada pelo vento e significava a presença espiritual do Padre Pio. Mesmo depois de sua morte, algumas pessoas afirmam tê-lo percebido várias vezes.

O Dr. Jorge Festa, um dos médicos que examinaram as chagas do Padre Pio para atestar sua autenticidade, deixou-nos um testemunho surpreendente — "surpreendente" porque ele não tinha o sentido do olfato. Mais que da pessoa do Padre Pio, para o Dr. Festa, era do seu sangue que emanava aquele fragrante perfume. Disse, de fato:

Era um perfume agradável, como uma mistura de violetas e de rosas. Considere-se que, entre os tecidos do organismo humano, o sangue é o que mais rapidamente entra em decomposição. Em todo caso, nunca tem uma emanação agradável.

O perfume que emanava do corpo trespassado do Padre Pio era também "sinal" de sua castidade angelicamente vivida, imitando o exemplo de seu seráfico pai são Francisco de Assis e de seu não menos seráfico confrade são José de Copertino (17 de junho de 1603 – 18 de setembro de 1663), o santo dos êxtases e dos vôos que — com exceção das chagas — possuía os mesmos dons ou carismas do capuchinho de Pietrelcina, inclusive o perfume.

Curas – As curas realizadas por Deus pela mediação do Padre Pio foram freqüentemente anunciadas ou precedidas de "ondas" de perfume característico, do qual já falamos. As filhas e os filhos espirituais do Padre Pio teriam podido falar de suas experiências pessoais se a obediência não tivesse selado seus lábios. Mas, afortunadamente, houve peregrinos de passagem por San Giovanni Rotondo e todos os que foram beneficiados de modo quase inesperado, que não se cansam de falar dos prodígios aos quais puderam assistir ou pelos quais foram beneficiados.

Bilocações – O dom ou fenômeno da bilocação consiste em encontrar-se simultaneamente em lugares diferentes. Esse dom é concedido quando há uma urgência, um perigo grave, uma alma ou um corpo que devem ser salvos. É um dom, como todos os dons sobrenaturais ou místicos, que é concedido para o bem das almas dos outros e nunca para a glorificação de quem é beneficiário dele.

A propósito desse dom, o próprio Padre Pio deu uma breve explicação ao padre Paulino, o qual — durante um recreio, falando da bilocação de santo Antônio que, enquanto pregava em Pádua, foi até Lisboa (Portugal) para livrar seu pai de uma condenação já decretada —, disse: "Queria realmente saber como acontece a bilocação: se o santo sabe o que quer, se sabe aonde vai, mas não sabe se é apenas com a mente ou com o corpo e a alma". Padre Pio, que estava atento, lhe respondeu: "Ele sabe o que quer, sabe aonde vai, mas não sabe se vai apenas com a mente ou se com o corpo e a alma". Esse fato é de 1944 ou 1945.

Padre Pio teve sua primeira bilocação já em 1905, e àquela seguiram-se muitas outras. Como falamos brevemente dos acontecimentos da Primeira Guerra Mundial e do serviço militar do Padre Pio, citamos um caso de bilocação acontecido enquanto era servente no Hospital Militar de Nápoles.

Numa noite de novembro de 1917, pelo dom de bilocação, salvou da morte certa o general Luiz Cadorna. Este, depois da desastrosa derrota de Caporetto (24 de outubro de 1917), teve de ceder o posto de comandante supremo do exército italiano ao general Armando Diaz. Tendo-se recolhido no Palazzo Zara, sede do comando, em Treviso, pensava em cancelar a perturbadora humilhação com o suicídio. E, numa noite daquele infausto novembro de 1917, decidiu pôr fim à própria vida. Tinha já empunhado o revólver, quando viu entrar em seu quarto um frade capuchinho de barba negra que, com um tom de voz de desaprovação, lhe disse: "Vamos, General, não faça essa loucura!". O general sentiu o revólver sair-lhe das mãos e cair ao chão, mas não viu mais nem a sombra do frade. As sentinelas, logo interrogadas, juraram que não tinham visto nem deixado entrar nenhum frade no apartamento.

Muitos anos depois, quando a fama do Padre Pio tinha já ultrapassado os limites da Itália, o general Luiz Cadorna, incógnito e em trajes civis, foi até o convento capuchinho de San Giovanni Rotondo. Meio escondido, num canto do longo corredor, esperou com paciência a passagem dos frades e, entre eles, reconheceu seu visitante noturno. Padre Pio lhe sorriu e, apoiando-lhe amigavelmente as mãos nos ombros, sussurrou-lhe: "Meu caro general, naquela noite tivemos sorte! O que acha?!".

As bilocações do Padre Pio — afirma o padre Nello Castello — "marcavam a sua presença em vários lugares, sem nunca ter saído do convento". É um dos seus carismas mais documentados. Muito se escreveu sobre esses seus "transportes". Como o Padre Pio dizia: "Eu vejo os meus filhos, sigo-os, assisto-os continuamente". Eram, obviamente, seus filhos e filhas espirituais que, por toda parte, ele seguia e visitava com terno amor paterno.

Milagres – São Mateus, no seu evangelho, afirma que

> Jesus percorria toda a Galiléia, ensinando nas sinagogas, anunciando a Boa Nova do Reino e curando toda espécie de doença e enfermidade do povo. Sua fama também se espalhou por toda a Síria. Levaram-lhe todos os doentes, sofrendo de diversas enfermidades e tormentos: possessos, epiléticos e paralíticos. E ele os curava. Grandes multidões o acompanhavam, vindas da Galiléia, da Decápole, de Jerusalém, da Judéia e da região do outro lado do Jordão (Mt 4,23-25).

"A história do homem está constelada de milagres", escreve Beppe Amico.

> Ouvimos com freqüência falar de fatos extraordinários, de acontecimentos inexplicáveis para a razão humana, sabemos por que e como se

manifestam (isso por conhecimento teológico), mas não conhecemos a dinâmica do fato prodigioso. Com as nossas mentes finitas não estamos em condições de compreender aquilo que é infinito, nem tampouco o mecanismo do milagre e, talvez, nem o fim [...]. As páginas do Evangelho nos dizem que o nascimento e a existência da fé estão continuamente relacionados com o milagre. Era preciso uma demonstração de poder, ou melhor, de onipotência. Acontecia o milagre — o milagre será sempre um desafio para a ciência do homem —; sem os milagres o Evangelho não teria aquele prestígio indispensável para poder se impor.

A história do cristianismo demonstra que a fé nasce, progride, consolida-se e se propaga graças aos milagres do Redentor. Se tiramos os milagres, tornamos o cristianismo mais ou menos semelhante a uma outra religião qualquer [...]. Os primeiros discípulos seguiram Jesus justamente pelo motivo — único motivo — dos seus milagres. Foi em Caná, depois do primeiro milagre (o da água transformada em vinho) que os discípulos "creram nele".[2]

Isso vale também para o santo capuchinho estigmatizado, que, sem os dons carismáticos que lhe foram concedidos pelo Senhor Jesus, inclusive o dos milagres, teria sido menos acreditado e menos seguido.

---

[2] AMICO, B. *Padre Pio, il frate dei miracoli*. Milano, Massimo, 1997. pp. 83-84.

Os cristãos crentes sabem que, rezando com fé, humildade e perseverança, podem obter de Deus os milagres. É, portanto, razoável esperar aquilo que se pede, porque a onipotência de Deus pode tudo. E é razoável pedir com fé aquilo que se espera conseguir, porque foi o mesmo Jesus quem disse: "Pedi e vos será dado! Procurai e encontrareis! Batei e a porta vos será aberta! Pois todo aquele que pede recebe, quem procura encontra, e a quem bate, a porta será aberta..." (Mt 7,7-8).

A quem tinha a ousadia de perguntar ao Padre Pio: "Mas o senhor faz milagres?", ele simplesmente respondia: "Eu sou somente um frade que reza". E como era um frade que acreditava no poder de Deus e rezava com profunda humildade e fé viva, obtinha o que pedia. Ele mesmo, "milagre vivo", operava, por vontade de Deus, autênticos milagres. Deus se servia dele para concretizar seu plano salvífico e o fazia também através de milagres.

Para descrever adequadamente os numerosos milagres, físicos e espirituais, acontecidos por intercessão do Padre Pio, seria preciso escrever muitos livros. Limitar-nos-emos a "destacar" três curas miraculosas: duas escolhidas entre as mais conhecidas, enquanto a terceira é a cura de Consiglia De Martino, reconhecida oficialmente pela Igreja para a beatificação do Padre Pio de Pietrelcina.

1. *A cega que vê.* Gemma De Giorgi — nascida em 1939 — era cega de nascença. Quando criança, seus pais perceberam que alguma coisa não estava bem nos seus olhos e a submeteram a numerosos exames com especialistas. Oftalmologistas ilustres sentenciaram, porém, que a menina não tinha nem as pupilas e que, portanto, nunca poderia ver. Aos 7 anos e meio, chegando o tempo de fazer a primeira comunhão, a avó pensou em levar a neta a San Giovanni Rotondo, onde — tinha ouvido — havia um frade que fazia milagres. Foi recomendado que a menina pedisse ao padre que intercedesse pela sua cura, mas a pequena discordou. Padre Pio, porém, durante a confissão, pousou-lhe as mãos sobre os olhos traçando sobre eles o sinal-da-cruz. Também na comunhão o padre fez o sinal-da-cruz sobre os olhos de Gemma. Durante a viagem de volta, a menina disse à avó que estava vendo claramente. Os médicos tiveram de confirmar, mesmo que, a seu ver, isso fosse impossível, porque sem pupilas não se pode ver.

2. *Uma mãe curada de câncer.* Era novembro de 1962. A professora Wanda Poltawska, que trabalhava ativamente na diocese polonesa de Cracóvia, estava no fim da vida por causa de um câncer na garganta, e os médicos não lhe davam mais nenhu-

ma esperança. A notícia chegou rapidamente até Roma, onde, por causa da celebração do Concílio Vaticano II, se encontrava o vigário capitular de Cracóvia. Tratava-se do bispo Karol Wojtyla, o futuro João Paulo II. O bispo Wojtyla conhecia há tempo a família da professora Poltawska e ficou, portanto, profundamente chocado com a notícia que chegara de sua terra. No dia 17 de novembro, de Roma, ele mandou uma carta ao famoso frade das chagas, que tivera a oportunidade de encontrar anos antes quando, jovem sacerdote, tinha estado em San Giovanni Rotondo. O futuro pontífice escreveu assim:

> Venerável padre, peço-lhe que reze por uma mãe de quatro meninas, que tem 40 anos e vive em Cracóvia, na Polônia. Durante a última guerra esteve, durante cinco anos, nos campos de concentração da Alemanha, e agora se encontra num estado muito grave de saúde, até de vida, por causa de um câncer. Reze para que Deus, pela intercessão da Beatíssima Virgem, tenha misericórdia dela e de sua família.

No dia 28 de novembro, onze dias depois, foi entregue ao Padre Pio uma outra carta do bispo polonês:

> Venerável padre, a senhora que mora em Cracóvia, na Polônia, mãe de quatro meninas, no dia 21 de novembro, antes da operação cirúrgica, sarou de repente. Damos graças a Deus e também a vós, venerável padre. Trans-

mito-vos os mais vivos agradecimentos em nome da mesma senhora, de seu marido e de toda a sua família.[3]

3. *Sarou depois de ter sonhado.* O milagre que a Igreja — depois de longas e complexas averiguações científicas — reconheceu para a beatificação do Padre Pio aconteceu há apenas poucos anos.

Era o dia 1º de novembro de 1995, quando Consiglia De Martino se viu, de repente, às portas da morte. Consiglia, que todos chamam de Lina, morava em Ogliara, uma cidadezinha próxima de Salerno.

Naquela manhã, sentiu-se mal e descobriu um tumor do tamanho de uma laranja na garganta. Internação no hospital, tomografia e diagnóstico funesto: ruptura do "ducto torácico"; seu corpo já havia sido invadido até o pescoço com o líquido linfático. "Linfoma não-Hodgkin" foi o diagnóstico: uma doença da qual é difícil se salvar. Decidiram operá-la na manhã seguinte, mas, de noite, aconteceu o milagre. Ela, que era fiel do Padre Pio, depois de uma visita a San Giovanni Rotondo, oito anos antes, dirigiu-se em oração ao frade: "Padre Pio, pensa nisso. Confio-me a ti, ajuda-me".

---

[3] Ibidem, pp. 21-22.

Dormiu e sonhou que o Padre Pio lhe tocava levemente o pescoço e o tórax, dizendo-lhe: "A intervenção cirúrgica não lhe adianta mais, opero-a eu mesmo".

Sonho? Aparição? O fato é que de manhã, quando os médicos preparavam a cirurgia, ela percebeu um intenso perfume de flores. Pediu aos médicos que fosse refeita a tomografia, antes de entrar para a sala de cirurgia. Atenderam-na e ficaram estupefatos; o líquido linfático havia-se retirado de todo o corpo; o tumor no pescoço havia-se reduzido ao tamanho de uma noz e, em pouco tempo, desapareceu por completo.

Incrédulos, os médicos conservaram-na no hospital ainda durante quatro dias, submetendo-a a toda espécie de exames. No final, se renderam: reconheceram que a cura não era cientificamente explicável e a mandaram para casa. Hoje, Consiglia De Martino está muito bem e ajuda o marido e um dos filhos na direção de um pequeno supermercado.

"Milagre", disse logo o povo, como para outras curas prodigiosas, inexplicáveis, atribuídas ao Padre Pio. E como milagre reconheceu-o oficialmente a Igreja no dia 21 de dezembro de 1998.

Capítulo 8
Os anos amargos da prova

O primeiro "calvário" do Padre Pio de Pietrelcina foi o que ele percorreu do nascimento à estigmatização, como descrevemos nos capítulos anteriores.

O segundo "calvário", não menos dramático e ainda mais longo, foi o percorrido da estigmatização até a morte; um calvário aceito e vivido cotidianamente, com amor excepcional a Deus e também aos irmãos, e irmãos de todo o mundo, para os quais ele vivia e sofria.

As visitas médicas

Em 1919, três médicos de confiança foram designados para averiguar a natureza das chagas do Padre Pio: o Dr. Luiz Romanelli, do hospital de Barletta, recebeu a incumbência da Cúria provincial dos capuchinhos; o Dr. Jorge Festa foi encarregado pela Cúria geral da mesma ordem; o prof. Antônio Bignami, titular de patologia médica na Universidade de Roma, recebeu o encargo diretamente da Santa Sé.

Em maio de 1919, o Padre Pio submeteu-se ao primeiro exame médico, feito pelo Dr. Luiz Romanelli, quando a imprensa já tinha começado a campanha (pró e contra), que levava ao conhecimento do público a sua fama de "frade santo", de "estigmatizado", de "taumaturgo", de "vidente", de "perfumado" etc., e, em San Giovanni Rotondo, começavam a chegar os primeiros grupos de peregrinos que, com o passar do tempo, ficavam maiores e se multiplicavam.

A primeira vez que o Dr. Romanelli examinou as chagas do Padre Pio, não sabendo do perfume suave e indefinível que emanava do seu corpo, expressou o próprio assombro ao frade que o acompanhava por essa "mundanidade" que tinha entrado no convento. De maio de 1919 a julho de 1920, ele examinou cinco vezes as chagas do Padre Pio. Em todas as vezes deixou um relatório científico ou um testemunho escrito. O relatório mais completo é o último — o de 7 de novembro de 1920 — endereçado ao novo ministro provincial padre Pedro de Ischitella que, em julho de 1919, tinha sucedido no cargo o padre Benedito de São Marcos de Lamis. O Dr. Romanelli concluiu seu último relatório afirmando que: "As feridas do Padre Pio não podem ser classificadas, pelas suas características e pelo seu decurso clínico, entre as lesões cirúrgicas comuns; elas têm certamente uma outra origem e uma causa que eu desconheço".

Talvez, com exceção da estigmatizada alemã Teresa Neumann (1898-1962), nenhuma outra ou outro estigmatizado foi obrigado a submeter-se a tantos exames médicos das próprias chagas sobrenaturais como o Padre Pio de Pietrelcina.

Depois do Dr. Romanelli coube ao prof. Bignami investigar de que natureza eram as chagas do estigmatizado do Gargano. A visita do professor aconteceu em julho de 1919 e foi muito meticulosa. Ele notou que o Padre Pio pincelava as chagas com tintura de iodo (talvez por precaução higiênica) e o proibiu severamente. Depois de dois dias de permanência no convento de San Giovanni Rotondo, o prof. Bignami voltou para Roma. No dia 26 daquele mesmo mês redigiu um relatório "longo e detalhado", em cuja conclusão afirmava: "[...] As lesões descritas começaram como fenômenos patológicos (necroses neuróticas múltiplas da pele) e foram inconscientemente e por um fenômeno de sugestão completadas em sua simetria e depois mantidas artificialmente com um meio clínico, como, por exemplo, a tintura de iodo".

A acusação era grave, comenta Yves Chiron:

> Mesmo que a expressão não tivesse sido usada, o Padre Pio era suspeito de ser, se não um falsário, pelo menos um doente. Esta visita, solicitada pelas autoridades romanas da Or-

dem e feita em nome do Santo Ofício, concluía com um relatório desastroso. Para procurar demonstrar a exatidão de seu relatório, antes de sair do convento, o prof. Bignami aplicou um bálsamo cicatrizante e enfaixou as chagas do Padre Pio apondo-lhe lacres. Estavam presentes todos os padres do convento, mais o padre Benedito e o padre Pedro de Ischitella, novo provincial, o Dr. Merla e outros médicos de San Giovanni Rotondo. O professor fez todos os presentes jurarem sobre o Evangelho que ninguém iria abrir as bandagens antes de 15 dias. Até aquela data, o medicamento deveria produzir o seu efeito e as chagas, falsamente consideradas sobrenaturais, seriam cicatrizes normais em via de desaparecimento.

Quinze dias depois foram tiradas as bandagens das mãos, dos pés e do lado. Nada tinha mudado. As chagas pareciam sempre frescas e o tratamento não havia modificado nada. A contraprova efetuada pelo prof. Bignami não impediu que seu primeiro relatório circulasse. Ele não foi logo dado ao público, mas permaneceu reservado aos superiores da Ordem e a poucos íntimos, entre os quais o Dr. Romanelli que, no seu relatório já citado de 7 de novembro de 1920, ficaria assombrado com o relatório do colega. Eis suas palavras: "O prof. Bignami descreve o Padre Pio como uma pessoa normal, com o sistema nervoso normal, que não apresenta qualquer sintoma de psicose ou neurose e, ao mesmo tempo, classifica as lesões encontradas na categoria das lesões necroneuróticas e fala de auto-sugestão. Pode haver um efeito sem causa? Pode haver lesões de origem nervosa numa pessoa não afetada por uma doença nervosa?". Acrescentou depois uma observação ditada pelo bom senso: "Mesmo admitindo a origem nervosa das lesões do Padre Pio, estas feridas, uma vez produzidas, deveriam ou não seguir o decurso normal de todos os outros tipos de lesões? Cientificamente, as feridas saram se forem bem cuidadas e se agravam quando mal cuidadas. Ora, como se pode explicar o fato de que as chagas do Padre Pio, tratadas sem qualquer precaução, mas, ao contrário, submetidas, especialmente as das mãos, em minha presença, a lavagens com água bem longe de estar esterilizada; recobertas por faixas normais de lã ou por lenços que estavam numa estante e que nunca foram desinfetados; ou, ainda, lavadas com sabão de baixa qualidade, não acabariam por agravar-se, por supurar, por criar novos problemas e, ao mesmo tempo, não sarar? E por que nunca sararam depois do sábio tratamento prescrito pelo professor e executado escrupulosamente? [...]. Tenho em grande consideração o relatório do professor, porque edifica maravilhosa e miraculosamente, embora tivesse a intenção de destruir".[1]

Essa primeira polêmica científica, ainda não pública, fazia prever outras e anunciava oposições bem mais terríveis.

O médico cirurgião Jorge Festa, médico que tratava dos capuchinhos da Casa generalícia em Roma, a pedido do ministro-geral,

---

[1] Cf. CHIRON, Y. op. cit., pp. 138-140.

padre Venâncio de Lisle-en-Rigault, foi a San Giovanni Rotondo no mês de outubro de 1919 para visitar o Padre Pio. Na manhã do dia 9, o Padre Pio submeteu-se a um novo e minucioso exame das suas chagas com esse médico, que permaneceu no convento dos capuchinhos por outros três dias, com o objetivo de "estudar" o comportamento do estigmatizado sob "um ponto de vista psicológico". Tendo voltado a Roma, elaborou um relatório longo e detalhado que entregou ao ministro-geral dos capuchinhos.

Em companhia do Dr. Romanelli, o Dr. Jorge Festa, nos dias 15 e 16 de julho de 1920, realizou um segundo exame das chagas do Padre Pio. Teve ocasião de examiná-las ainda em 1925, quando fez uma intervenção cirúrgica no frade estigmatizado e observou que, em seis anos, nada havia mudado. E como, desde a primeira visita, tinha a convicção de que as chagas eram de origem sobrenatural, no ano de 1933 publicou o "primeiro estudo científico completo" sobre as chagas do Padre Pio, que intitulou: *Entre os mistérios da ciência e as luzes da fé, ou as chagas do Padre Pio de Pietrelcina*.

Yves Chiron escreve sobre as chagas do Padre Pio:

> Devemos lembrar que as chagas propriamente ditas, as cinco chagas nas mãos, nos pés e no lado, foram os sinais mais conhecidos com

os quais o Senhor quis marcá-lo; houve também outras feridas que o identificaram com o Senhor crucificado. Toda a vida do Padre Pio não foi somente uma imitação da vida de Cristo, mas também, por uma graça misteriosa, uma íntima associação à paixão de Cristo. Ele participou, na vida terrena, dos sofrimentos de Jesus, até na carne, experimentando todos os sofrimentos que o Cristo viveu. Também ele, na sua carne, foi flagelado, coroado de espinhos, carregou a cruz e foi crucificado. As cinco chagas são a prova da crucificação perpétua do Padre Pio. Menos conhecidas, porque menos visíveis e não permanentes, outras chagas sanguinolentas nas costas, ao redor da cabeça e no ombro direito foram atestadas por diversas testemunhas e por vestes e roupas brancas, religiosamente conservadas no convento de San Giovanni Rotondo. A uma de suas filhas espirituais, que lhe perguntou sobre o número e a localização das chagas, o Padre Pio deu esta resposta essencial: "E quem as conta? Temos de nos assemelhar a Jesus".[2]

Suspeitas e calúnias

Depois dos exames médicos realizados nas chagas do Padre Pio pelos doutores Luiz Romanelli e Jorge Festa e pelo prof. Antônio Bignami no ano de 1919, os superiores maiores da Ordem decidiram que para cada novo exame deveria ser apresentada uma autori-

---

[2] Ibidem, pp. 144-145.

zação, assinada pelo Santo Ofício e pelo ministro-geral da Ordem.

Quando, portanto, em 18 de abril de 1920, o célebre padre Agostinho Gemelli, médico cirurgião especializado em neuropsicologia, convertido ao catolicismo e franciscano desde 1903, fundador da Universidade Católica Sagrado Coração, de Milão, apresentou-se ao convento capuchinho de San Giovanni Rotondo com a intenção de examinar as chagas do Padre Pio, recebeu dele uma negativa decidida.

O Padre Pio vai pagar caro por essa negativa, porque o padre Gemelli fez ao Santo Ofício — junto ao qual era consultor — um relatório escrito de sua visita e das chagas do Padre Pio que, na realidade, pouco pudera observar e somente a distância, enquanto o Padre Pio celebrava a missa.

Uma "relação terrível", dirá o card. Miguel Lega, membro da Congregação do Santo Ofício, que terá influência decisiva nas sanções emanadas por essa Congregação e pelo novo papa Aquiles Ratti (Pio XI), a partir de 1922.

O primeiro visitador oficial foi enviado ao convento de San Giovanni Rotondo no dia 28 de maio de 1920, munido de todas as autorizações. Era o secretário dos negócios eclesiásticos extraordinários, d. Boaventura Cerretti, que fez um relatório favorável, depois de haver examinado as chagas do Padre Pio, e deixou o convento edificado pela sólida piedade e pela simplicidade evangélica do santo frade.

Dois meses depois, outros dois visitadores oficiais chegaram ao convento capuchinho de San Giovanni Rotondo, enviados pelo papa Bento XV: eram o prof. José Bestianelli, médico pessoal do papa, e o passionista padre Luiz Besi, consultor junto à Congregação dos Religiosos e dos Ritos e também estimado conselheiro de Bento XV. Também eles, depois de haver examinado atentamente as chagas do Padre Pio, emitiram um juízo favorável, que "contradizia" o do padre Gemelli, e por isso, até a morte do papa Giacomo Della Chiesa (Bento XV), o Padre Pio pôde viver e exercer seu ministério em paz.

Naquele período houve também um luminar da Ordem dos capuchinhos que foi fazer uma visita ao grande estigmatizado do Gargano, o padre Roberto da Nove de Bassano, teólogo, filósofo e exímio canonista. Foi a San Giovanni Rotondo "contrariado e cético", mas voltou para seu convento edificado pela simplicidade, pela serenidade e pelo comportamento do seu "extraordinário" confrade. Redigiu um testemunho favorável e interessante que, em setembro de 1920, enviou ao próprio superior provincial, padre Oderico de Pordenone.

A imprensa começou a se apoderar cada vez mais dos fatos relativos à estigmatização do Padre Pio. Isso contribuiu para divulgar a fama de santidade e deu lugar a uma notável afluência de peregrinos que, em sinal de gratidão, deixavam ofertas. Os fatos suscitaram a inveja e maledicência de uma parte do clero local. Até o bispo titular da diocese de Manfredonia, d. Pascoal Gagliardi, do qual dependia canonicamente o convento dos frades capuchinhos de San Giovanni Rotondo, que não acreditava na origem sobrenatural dos carismas do Padre Pio, começou a recolher documentos contra ele, desde setembro de 1919, fazendo os sacerdotes e os fiéis de sua diocese subscrever uma denúncia do "escândalo" que, a seu ver, atingia o convento.

Na carta de denúncia enviada ao Santo Ofício, suplicava ao papa Bento XV que "pusesse um freio à idolatria que se consumava no convento, através dos comportamentos do Padre Pio e dos frades que estavam com ele". No ano seguinte, foi ao convento para conhecer o Padre Pio sem, porém, entrar na sua cela. Mais tarde, no entanto, ousou afirmar (também diante do Santo Ofício) que, naquele dia, surpreendeu o Padre Pio "enquanto se empoava e se perfumava", uma calúnia no limite do ridículo que, infelizmente, se acrescentava a outras — não menos ridículas — como a que acusava o Padre Pio de "fascista".

Por que essa calúnia? Porque depois da Primeira Guerra Mundial, também em San Giovanni Rotondo, como em qualquer outra cidade ou região da Itália, por ocasião das eleições administrativas ou políticas, era preciso levar em consideração não somente o Partido Socialista Italiano (na época ferozmente marxista e anticlerical) e o Partido Popular Italiano, de inspiração católica, fundado pelo padre Luiz Sturzo, mas, desde março de 1919, também os "Fasci" Italianos de Combate, fundados em Milão por Benito Mussolini, os quais, embora não fossem ainda partido político, destacavam-se como "grupos de oposição, bem organizados e eficazes".

A administração local de San Giovanni Rotondo era socialista há vários anos e o último prefeito tinha sido o doutor Merla.

O chefe da seção local do Partido Popular Italiano era um ex-combatente convertido pelo Padre Pio, de nome Francisco Morcaldi. Há pouco tempo havia também uma seção dos "Fasci", que teria apoiado politicamente os Populares. Estavam em plena campanha eleitoral no dia 15 de setembro de 1920, pois as eleições municipais seriam realizadas um mês depois. Naquele dia, com a autorização dos seus superiores, o Padre Pio tinha ido à cidade para abençoar a bandeira tricolor dos ex-combatentes e rezar com eles pelos ex-combatentes mortos nos campos de batalha. Fez isso pela simpatia que nutria por Francisco Morcaldi, chefe do Partido Popular Italiano local.

No dia 14 de outubro de 1920, dia das eleições, aconteceram os incidentes que se temia. Quando a nova administração socialista hasteou a bandeira vermelha no mastro do município, em vez da tricolor, aconteceu um verdadeiro drama. Grupos de manifestantes de ambas as partes se arremessaram uns contra os outros, fazendo uso também de revólveres e armas brancas, de tal forma que a manifestação política transformou-se em tragédia com "quatorze mortos e mais de oitenta feridos".

Os fatos dramáticos acontecidos em San Giovanni Rotondo agitaram a Itália, e um jornal não teve dúvida em associá-los à personalidade do Padre Pio e à bênção da bandeira tricolor. Mas daquele dia infausto em diante, a acusação de "fascista" lhe ficou impressa.

O santo capuchinho, perturbado com a tragédia, chamou Morcaldi ao convento suplicando-lhe que pacificasse os ânimos. Morcaldi elaborou um programa de reconciliação e de desenvolvimento da cidade e se empenhou em colocá-lo em prática, sobretudo a partir de 1923, quando foi eleito prefeito. Reeleito várias vezes por cerca de vinte anos, Francisco Morcaldi destacou-se como guia sábio no governo da cidade.

Capítulo 9
Páginas de uma outra história

Para compreender melhor as vicissitudes terrenas do Padre Pio, é útil nos referirmos ao período histórico em que ele viveu.

Depois da Primeira Guerra Mundial, durante a qual também o Padre Pio havia prestado o serviço militar, aconteceu na Europa uma perigosa crise econômica, agravada pelos ressentimentos despertados pelos "iníquos" tratados de paz. Exacerbaram-se também os conflitos sociais, que tornaram cada vez mais difícil o trabalho dos governantes.

Na Itália, a fraqueza de vários governos do pós-guerra favoreceu a formação do Partido Fascista, que se formou com o movimento dos "Fasci" de Combate. Estes visavam resolver com autoridade a crise das oposições, especialmente as de esquerda. Em novembro de 1921, foi fundado como "Partido Nacional Fascista" e conquistou o poder com a "marcha sobre Roma" (28 de outubro de 1922).

O rei Vítor Emanuel III de Savóia, não querendo recorrer à repressão militar, encarregou Mussolini de formar o governo. Modificada a lei eleitoral em 1923, o fascismo obteve a maioria parlamentar e começou uma verdadeira e própria transformação.

Depois do assassinato de Tiago Matteotti (junho de 1924), o governo fascista eliminou a oposição parlamentar dissolvendo todos os partidos e as organizações políticas. Implantou a ditadura com uma série de providências destinadas a suprimir a liberdade de imprensa e de palavra, a instituir tribunais especiais para a defesa do Estado e um exército que lhe fosse fiel. Depois estendeu sua ação a vários campos: escola, trabalho, família. Significativas no campo agrário, a batalha do trigo, o programa de bonificações integrais das zonas de pântanos e de malária; na política assistencial, a Obra Nacional "Dopolavoro" (atividades culturais e recreativas para os trabalhadores) e a Obra Nacional para a Maternidade e a Infância. Em 1929 foram assinados os Tratados de Latrão, pelos quais se pautavam os relacionamentos entre Estado e Igreja em bases concordatárias.

No campo internacional, o fascismo visou a uma política de expansão e poder: em 1935-1936 conquistou a Etiópia, em 1936 interveio na Espanha ao lado de Franco, em 1939 ocupou a Albânia. Aliou-se à Alemanha nazista nas vésperas da iminente grande guerra.

A Segunda Guerra Mundial

A conquista da Etiópia levou a Sociedade das Nações a votar as sanções econômicas em prejuízo para a Itália. Esse fato favoreceu a aliança com a Alemanha (Eixo Roma-Berlim), dominada pelo ditador nazista Adolph Hitler. Em 1937, Itália, Alemanha e Japão fizeram o chamado "Pacto Tripartite", com o objetivo de apoiar as respectivas aspirações expansionistas. De fato, em 1938 a Alemanha ocupou a Áustria e a Checoslováquia, enquanto a Itália anexou a Albânia. Em 1939, Hitler e Mussolini fizeram uma aliança formal que pôs fim à paz européia e mundial.

Em agosto de 1939 a Alemanha invadiu a Polônia, causando o estouro da Segunda Guerra Mundial. Em defesa da Polônia aliaram-se a Inglaterra e a França.

Em 1939-1940 os alemães ocuparam a Dinamarca, a Noruega, a Holanda, a Bélgica, Luxemburgo e grande parte da França. Os exércitos alemães conseguiram novos sucessos na Península Balcânica, mas a campanha da Rússia, iniciada em junho de 1941, da qual também a Itália participou — tinha entrado na guerra ao lado da Alemanha no dia 10 de junho de 1940 —, foi uma verdadeira catástrofe. Também na campanha da África, depois de várias vicissitudes sanguinolentas, alemães e italianos foram obrigados a se render (25 de maio de 1943).

A reviravolta na situação bélica em favor da Inglaterra e da Rússia foi determinada pelos Estados Unidos que, em dezembro de 1941, entraram na guerra contra o Japão e seus aliados. Em julho de 1943, os anglo-americanos desembarcaram na Sicília e em pouco tempo ocuparam toda a ilha.

Diante da gravidade da situação e do forte mal-estar da população italiana, o Grande Conselho (órgão consultivo do fascismo) foi induzido a votar uma moção de desconfiança contra Mussolini, que em 25 de julho de 1943 foi deposto por ordem do rei Vítor Emanuel III, que confiou o governo ao general Pedro Badoglio. Este, em 8 de setembro de 1943, assinou um armistício com os anglo-americanos, sem prever a duríssima reação dos alemães que, vendo-se traídos, se apoderaram das regiões centrais e setentrionais da Itália, enquanto os anglo-americanos desembarcavam nas regiões meridionais. Assim, toda a península transformou-se em campo de batalha.

Da "Resistência" à "primeira República"

Nesse entremeio, os aviadores alemães libertaram Benito Mussolini de sua prisão no Gran Sasso d'Italia. Este, fixando-se em Saló, no lago de Garda, fundou a República Social Italiana. Entre os simpatizantes dessa república — os "republichini" — e os assim chamados "partigiani" do governo legal que combatiam ao lado dos anglo-americanos — começou a guerra civil.

Na Itália meridional já libertada pelos aliados — no dia 13 de outubro de 1943, depois de ter declarado guerra à Alemanha —, o Governo Badoglio organizou um Comitê de Libertação Nacional (C.L.N.), a *Resistência*, que entre 1943 e 1945 uniu-se novamente ao antifascismo do período pré-bélico.

Aderiram à Resistência ex-militares e civis que queriam a liberdade, embora professando diferentes ideologias políticas. Com suas ações armadas, ela deu uma contribuição eficaz para a libertação do país.

Em junho de 1944, o desembarque dos anglo-americanos na Normandia mudou o rumo da guerra também na frente ocidental.

Em maio de 1945 os exércitos russos e anglo-americanos encontraram-se ao longo da linha do Elba: a Alemanha estava vencida.

Na Itália, a guerra terminou no dia 25 de abril de 1945 com a vitória dos "partigiani" e dos aliados, mas o Japão continuava a combater; porém, duas bombas atômicas, lançadas sobre Hiroshima e Nagasaki pelos aviadores americanos, nos dias 6 e 9 de agosto de 1945, obrigaram-no a se render.

Foi a potência terrível dessa arma mortífera que projetou uma sombra escura de terror no mundo inteiro, que pôs fim à Segunda Guerra Mundial. Uma guerra pavorosa — iniciada em 1º de setembro de 1939 e terminada em 14 de agosto de 1945 com a rendição incondicional do Japão — que apavorou o mundo durante seis anos.

Escreveu-se que esse foi o conflito mais destruidor e mais longo da história. E também o mais mortífero, uma vez que custou a vida de quase dezessete milhões de combatentes. Nos campos de concentração nazistas, além disso, foram mortos seis milhões de judeus; outros trinta milhões de civis, em todo o mundo, morrerram por causa dos bombardeios, da fome, das doenças e de outros fatos resultantes da guerra.

Terminado o gigantesco conflito, a perspectiva de um mundo melhor, equânime, justo e solidário parecia mais vaga do que tinha sido depois da Primeira Guerra Mundial.

Apesar de, na primavera de 1945, os representantes de 50 nações terem decidido a criação da ONU (Organização das Nações Unidas) com sede em Nova York, o mundo pós-guerra foi dominado por somente duas potências: EUA e URSS, ambas muito fortes e, com o passar dos anos, alinhadas em posições cada vez mais antagônicas.

Em pouco tempo, as nações mais fracas foram arrastadas para um dos dois blocos e se chegou ao precário equilíbrio da "guerra fria". A luta pelo monopólio da bomba atômica, os vários interesses econômicos e as ideologias políticas opostas, com tendência à criação de contrastes, além de impedir a obra de pacificação no mundo, fizeram com que muitas vezes se temesse o estouro de um terceiro e terrível conflito que teria destruído todo o planeta.

Na Itália, no imediato pós-guerra, iniciou-se a obra de "reconstrução" tanto material quanto moral, política e democrática. Em 2 de junho de 1946, com um *referendum* popular, passou-se da monarquia para a república, cuja constituição foi promulgada no dia 1º de janeiro de 1948.

O Padre Pio de Pietrelcina deixou este mundo durante a presidência do socialdemocrata José Saragat; deixou-o no turbulento 1968, ano em que o protesto juvenil atingiu o ápice, com demonstrações de massa e notáveis mobilizações de forças policiais nas grandes cidades do mundo ocidental. "Esta é a época da fúria" (destruição de todos os valores); assim dizia o santo capuchinho estigmatizado, desde 1960.

O meio século de história (1919-1969) que percorremos de novo, embora na brevidade da síntese, procura situar o Padre Pio no complexo período em que viveu. Um período marcado pelo suceder de acontecimentos dramáticos, que ele certamente os fez seus na oração, nos sofrimentos cotidianos oferecidos ao Senhor pela salvação e pelo bem da humanidade.

Os muitos sofrimentos físicos e morais, que o acompanharam justamente no período da história anteriormente lembrada, como as suspeitas, as acusações, as calúnias, as segregações, as condenações, foram por ele aceitos sempre com fé e coragem admiráveis.

Capítulo 10
As condenações do Santo Ofício

Os sofrimentos mais agudos ao encontro dos quais foi o Padre Pio, e que o tornaram cada vez mais semelhante a Jesus crucificado, vieram de alguns homens de destaque da Igreja, que ele tanto amava.

Depois de haver abençoado o mundo e a paz, no dia 22 de janeiro de 1922, morria em Roma, truncado por uma bronquite gripal, o papa Bento XV: o pontífice que havia definido a Primeira Guerra Mundial como "matança inútil", pedindo aos chefes de Estado negociações de paz. Esse pontífice, evangelicamente humilde e grande, expressou várias vezes sua benevolência e estima pelo Padre Pio.

Sucedeu a Bento XV, no dia 6 de fevereiro de 1922, o arcebispo de Milão, o cardeal Aquiles Ratti, que tomou o nome de Pio XI. No seu pontificado aconteceu a esperada reconciliação entre o Estado italiano e a Santa Sé, com a assinatura do Tratado de Latrão (11 de fevereiro de 1929) pelo secretário de Estado do Vaticano, card. Pedro Gasparri, e pelo chefe do governo italiano, Benito Mussolini.

Sumo pontífice, Pio XI confirmou suas já demonstradas qualidades de "negociador": retomou as iniciativas magisteriais de Leão XIII, as reformistas de Pio X, as diplomáticas de Bento XV, levando-as a uma sistematização quase científica; conseguiu ser, por assim dizer, "o Cavour" da Igreja do século XX. De fato, a organização da vida eclesiástica, em boa parte ainda existente, é obra sua: as relações com o mundo político expressas nas 18 concordatas e convenções; a rede de ligações missionárias com o mundo não-católico. E, no interior da Igreja: os atos do magistério através de 30 encíclicas, a renovação dos estudos, a Ação Católica, os meios de comunicação social (fundação da Rádio Vaticana, exposição mundial da imprensa católica, orientações sobre o cinema) e, sobretudo, a rede programática da *pax Christi in regno Christi*, através do culto a Cristo Rei e ao Sagrado Coração. Enfim, as 34 canonizações e as centenas de beatificações, os memoráveis anos santos de 1925 e 1933.

Esse grande papa, ligado por amizade e estima ao padre Agostinho Gemelli, não demorou em dividir com ele a hostilidade contra o Padre Pio: uma hostilidade que se traduziu em perseguição durante cerca de dez anos. Foram esses os anos em que o estigmatizado do Gargano teve de suportar uma dolorosa série de limitações.

A Congregação do Santo Ofício, atualmente denominada "Congregação para a Doutrina da Fé", em junho de 1922 ordenou que em torno do Padre Pio se estendesse uma "cortina de silêncio" e que fosse evitada qualquer "singularidade" em relação a ele. Ordenou que o padre celebrasse sua missa de manhã, muito cedo, para evitar grande afluência de gente; que não desse mais a bênção ao povo; que não falasse das chagas, não as mostrasse e não deixasse que fossem beijadas (coisa que o Padre Pio nunca havia feito). Ordenou, também, que interrompesse a direção espiritual e a correspondência epistolar com o padre Benedito. A mesma coisa deveria fazer o padre Benedito que, até o dia de sua morte (vinte anos depois), deixou de ter qualquer relação com o seu diletíssimo filho espiritual.

A Congregação do Santo Ofício pretendia também que o Padre Pio fosse afastado de San Giovanni Rotondo e destinado, talvez, a um convento capuchinho da Itália do Norte. O ministro provincial, padre Pedro de Ischitella, assegurou que haveria de providenciar a execução dessas prescrições, mas expressou alguma reserva quanto à transferência do frade de Pietrelcina. A população de San Giovanni Rotondo tinha-se oposto energicamente e até o prefeito de Foggia, temendo outros movimentos populares e derramamento de sangue, havia aconselhado prudência.

Os cidadãos de San Giovanni Rotondo, no dia 25 de junho de 1923, insurgiram-se de novo para protestar contra outras providências tomadas pelo Santo Ofício em relação ao Padre Pio. Declararam ao padre provincial que estavam "dispostos a tentar de tudo para o triunfo da justiça".

O padre guardião, Inácio de Ielsi, escreveu assim ao ministro provincial:

> Uma multidão de povo de três mil pessoas, acompanhada com música, autoridades civis e militares, veio até o convento, pedindo garantias para a não-remoção do Padre Pio e pela celebração da missa em público. O prefeito e outras autoridades da cidade vieram ao convento persuadir-me a suspender a execução da ordem.

Em abril de 1925, a população de San Giovanni Rotondo estava de novo agitada por causa de algumas restrições impostas ao Padre Pio no exercício do ministério da confissão. Essa contestação prejudicou uma segunda tentativa de transferência prevista pelos superiores da Ordem.

Os defensores do Padre Pio

No mesmo período, escreve Yves Chiron:

> começaram a se apresentar cá e lá, alguns verdadeiros defensores do Padre Pio. Isso aconteceu, antes de tudo, no interior da mesma or-

dem dos capuchinhos, durante a reunião de Fossombrone, onde pela primeira vez, mesmo que não oficialmente, determinadas autoridades da Ordem decidiram tomar a defesa do confrade suspeito e injustamente submetido a sanções....[1]

Decidiu-se que era preciso defender a honra do Padre Pio e purificá-lo das acusações movidas contra ele. D. Cuccarollo, bispo capuchinho de Bovino, na província de Foggia, ficou encarregado de fazer com discrição uma pesquisa na diocese vizinha de Manfredonia, de onde haviam partido pesadas acusações contra o Padre Pio.

O encontro de Fossombrone aconteceu pouco tempo depois da entrada em campo do fiel Brunatto (Emanuel Brunatto, nascido em 1892), um libertino irrequieto, convertido pelo Padre Pio quando tinha 30 anos, muito decidido a fazer também ele uma ofensiva vigorosa.

Entre os defensores do Padre Pio, os leigos estavam na linha de frente, prontos a lutar por uma causa justa, apoiados, encorajados e às vezes documentados por religiosos que não podiam expor-se diretamente.

Em junho de 1925, foi o prefeito de San Giovanni Rotondo, Francisco Morcaldi, que

---

[1] Cf. CHIRON, op. cit., pp. 190ss.

enviou um pedido ao card. Sbarretti, prefeito da Congregação do Concílio, pedindo-lhe que fizesse uma pesquisa sobre o comportamento escandaloso de uma parte dos cônegos de San Giovanni Rotondo e até do bispo de Manfredonia, isto é, sobre aqueles que tinham sido os primeiros acusadores do Padre Pio. Morcaldi concluía a carta com estas palavras: "Pedimos somente justiça. Queira Vossa Eminência determinar uma pesquisa para confirmar se isto que dizemos corresponde à verdade".

Finalmente, algum movimento, porque chegaram a San Giovanni Rotondo, um depois do outro, dois importantes visitadores apostólicos. O primeiro, d. Felice Bevilacqua, do Vicariato de Roma, recebeu a ordem do card. Sbarretti, prefeito da Congregação do Concílio encarregada da disciplina eclesiástica, para pesquisar sobre os "cônegos escandalosos" de San Giovanni Rotondo. A visita apostólica durou dez dias: de 26 de março a 5 de abril de 1927. No fim de maio de 1928, chegou um segundo visitador apostólico na pessoa de d. José Bruno, enviado pela Congregação do Consistório, que se ocupava especialmente dos bispos, com a missão de indagar "com plenos poderes" sobre o trabalho do bispo de Mafredonia. No dia 12 de junho desse mesmo ano, d. Bruno entregou seu relatório detalhado à Congregação do Consistório que levou à destituição de d. Pascoal Gagliardi, depois de alguns anos.

Não obstante as duas respeitáveis visitas apostólicas, o sofrimento do Padre Pio não foi aliviado, ou melhor, um período ainda mais doloroso estava atrás do "ângulo do convento" de Santa Maria das Graças.

Um caminho que conduz ao Gólgota

Padre Pio amava muito sua mãe e não perdia qualquer ocasião para demonstrá-lo. Há algum tempo mamãe Peppa havia-se transferido para San Giovanni Rotondo, hóspede de Maria Pyle. Toda manhã assistia à missa do filho e, apesar daquele clima rígido do Gargano não ser favorável à sua saúde, quis participar também da missa da Noite de Natal daquele 1928. Dada a intensidade do frio apanhou uma pulmonite forte, que em pouco tempo a levou à morte. O Padre Pio quis administrar pessoalmente o sacramento dos enfermos, mas por causa da forte emoção caiu desfalecido.

A perda da mãe, acontecida no dia 3 de janeiro de 1929, foi para ele uma dor tamanha que os médicos que cuidavam dele temeram por sua vida. Quando mamãe Peppa morreu, Padre Pio não escondeu de ninguém o seu angustioso sofrimento. Derramou um rio de lágrimas invocando-a com doloroso lamento: "Minha mãe! Minha bela mãe!". Essas invocações eram tão amarguradas que faziam chorar também os presentes.

Mamãe Peppa deixou de viver, portanto, em San Giovanni Rotondo, na casa de Maria Pyle, chamada "a americana", porque tinha nascido na América do Norte, em Nova York, em 1888, numa família muito rica de industriais.

Maria Pyle era uma bela moça alta, loira, rica e muito cortejada. Veio para a Itália com o objetivo de estudar pedagogia sob a direção de Maria Montessori, e também para esquecer uma história de amor não aceita por seus pais. Conhecendo o Padre Pio, tornou-se sua filha espiritual, decidindo passar o resto de sua vida em San Giovanni Rotondo. Seus pais tentaram em vão fazê-la voltar para os Estados Unidos. A bela filha do "rei do sabão de Nova York" foi irredutível; sujeitou-se a viver quase de esmola, contanto que estivesse perto do Padre Pio. Os problemas, porém, foram logo superados; dos Estados Unidos começou a chegar ajuda de toda espécie, e também os seus pais, afinal, criaram o costume de mandar uma certa quantia da atividade familiar, que Maria distribuía a quem precisava. Apesar de suas possibilidades financeiras, Maria vivia na pobreza devolvendo os seus haveres em obras de bem. Deve-se a ela a construção do convento, em cujo estudantado se hospedam quase 90 jovens frades; como também os primeiros auxílios para a construção da "Casa Alívio do Sofrimento".

Para estar mais próxima do convento (e do lugar onde mais tarde surgiria o hospital), Maria fez construir uma casa, e muito cordialmente hospedava peregrinos que vinham de toda parte do mundo para visitar o frade das chagas.

Entre seus hóspedes mais caros estavam os pais do Padre Pio, chegados a San Giovanni Rotondo em 1928, ambos amavelmente assistidos por ela até a morte, que para mamãe Peppa chegou apenas alguns meses depois, enquanto para o papai Grazio, no dia 17 de outubro de 1946.

E ela, Maria Pyle, deixou este mundo em maio de 1968, poucos meses antes do Padre Pio, de quem era coetânea.

Em 1931, aconteceram outros fatos dolorosos: no dia 25 de maio o convento capuchinho de San Giovanni Rotondo ficou sob a jurisdição imediata do ministro-geral, enquanto no dia 9 de junho chegou para o Padre Pio uma ordem de suspensão de qualquer ministério, com exceção da santa missa, que devia celebrar privadamente. Na tarde de 10 de junho, o guardião do convento, padre Rafael de Sant'Elia a Pianisi, comunicou-lhe com dor a ordem recebida. O Padre Pio elevou os olhos para o céu e disse: "Seja feita a vontade de Deus". Depois, cobriu com as mãos o rosto banhado em lágrimas, inclinou a cabeça e não disse mais nada.

Concretamente, aquela ordem do Santo Ofício significava que o Padre Pio não poderia mais celebrar a missa em público, nem encontrar os fiéis, nem confessar, nem cumprir o ofício de diretor espiritual por ele exercido desde 1916. As únicas atividades permitidas eram substancialmente duas: rezar o ofício divino com os confrades e tomar as refeições com eles no refeitório do convento. Era realmente como ele dizia: "... um prisioneiro inocente".

Essa segregação penosa durou até o dia 15 de julho de 1933. No dia 16, festa de Nossa Senhora do Carmelo, o Padre Pio, que tinha esperado ansiosamente e em oração a sua libertação, pôde finalmente celebrar a santa missa em público e retomar o exercício da própria missão entre o povo.

Durante o período da segregação, "o prisioneiro inocente permaneceu em silêncio", como Jesus diante de Pilatos. Era preciso reconhecer-lhe o mérito "de não haver jamais discutido as ordens, por injustas que fossem". Obedeceu imediatamente, afirmando que a voz dos superiores era para ele a voz do próprio Deus. Pierre Pascal resumiu assim a vida do Padre Pio: "um milagre de obediência". Obediência, antes de tudo, à própria vocação; obediência às provas e às graças que Deus quis depois enviar-lhe e, enfim, obediência às sanções injustas chegadas dos superiores do Santo Ofício. O Padre Pio obedecia, sofria em silêncio e rezava.

Finalmente, chegou de Pio XI também o gesto de libertação. De fato, somente

> uma intervenção direta da mais alta autoridade da Igreja teria permitido encerrar uma situação quase inextricável.

> As restrições impostas pela prudência serão mitigadas de ano em ano e, pode-se dizer que, malgrado tudo, a partir do dia 16 de julho de 1933, começou para o Padre Pio um período feliz que duraria até 1960. Feliz no sentido de um apostolado livre e fecundo: quase trinta anos nos quais passarão por San Giovanni Rotondo centenas de milhares de peregrinos, e nos quais multiplicar-se-ão as conversões, as curas e as graças recebidas. Ver-se-ão também emergir do solo diversos albergues e pensões para acolher os fiéis. Ver-se-á sobretudo o Padre Pio levar avante as duas grandes realizações que testemunham, ainda hoje, a sua fecundidade espiritual: a Casa Alívio do Sofrimento (Casa Sollievo della Sofferenza) e os Grupos de Oração.

> Pio XI, quando recebeu d. Cuccarollo, disse-lhe: "Vocês capuchinhos devem ficar contentes, pois o Padre Pio foi mais do que reintegrado".

E acrescentou, usando uma expressão um tanto significativa: "É a primeira vez que o Santo Ofício se retrata de seus decretos".[2]

Mas a reabilitação definitiva do "crucificado do Gargano" chegou somente no dia 30 de janeiro de 1964, quando Paulo VI, através do card. Ottaviani, tornou oficialmente conhecido que era restituída toda a liberdade no ministério do Padre Pio de Pietrelcina.

---

[2] Ibidem, pp. 219-223.

Capítulo 11
O longo dia do Padre Pio

O dia do Padre Pio era longo e cansativo: vivia empenhado cotidianamente durante quinze, dezesseis e às vezes dezenove horas. Um dia que transcorria entre o altar e o confessionário começava, geralmente, às 2h30 da manhã com uma longa e fervorosa oração preparatória para a santa missa, que tinha início às 5 horas.

O papa Wojtyla disse: "Não foram talvez o altar e o confessionário os dois pólos de sua vida?". E o papa Montini, vendo acorrer as multidões de toda parte do mundo para o Padre Pio, disse: "Olhem que fama ele teve! Que clientela mundial reuniu ao seu redor. Mas por quê? Porque talvez fosse um filósofo, um sábio, porque tinha meios à sua disposição?". E deu sinteticamente uma resposta: "Porque rezava a missa humildemente e confessava da manhã até a noite".

Durante meio século — de 1918 a 1968 — olhou-se com veneração para o capuchinho estigmatizado de San Giovanni Rotondo. Não foram somente as suas chagas, que ele escondia cuidadosamente com luvas de lã da cor do hábito, que atraíram as multidões. Todos consideravam uma graça poder participar da missa e encontrar no confessionário aquele sacerdote santo, tão semelhante a Jesus Cristo.

As chagas, além de provocar-lhe sensações dolorosíssimas, sangravam abundantemente, tanto que o cientista Enrico Medi teve de dizer: "Parece-me que não houve nenhum santo na história da Igreja ao qual Cristo tenha pedido tanto sangue como o Padre Pio".

Terminada a missa e feita a ação de graças, o padre tomava um café em sua cela, depois se dirigia ao confessionário para escutar e absolver dos pecados aqueles que desejavam confessar-se com ele. Ao meio-dia, rezava o *Angelus* com os fiéis e dava-lhes a bênção. Logo depois, ia ao refeitório comum e ocupava seu lugar à mesa. Comia pouquíssimo: algumas colheradas de canja ou sopa de legumes e meio copo de vinho. Se algum confrade insistia para que comesse alguma coisa, respondia: "Já estou satisfeito. Sinto o estômago cheio".

Depois de haver tomado sua refeição frugalíssima, Padre Pio voltava para a cela e rezava até as 15 horas. Em seguida, ia para a igreja, fechava-se no confessionário e confessava até as 17 horas. Meia hora de relaxamento no pátio do convento durante o verão, ou então na varanda, durante o inverno. Entretinha-se com algum confrade ou algum fiel necessitado de conselhos, ou ainda se interessava pelos doentes que estavam na Casa Alívio do Sofrimento, falando com os dirigentes, os médicos, os administradores. Voltava, então, para a cela, onde rezava muitos rosários de Nossa Senhora e outras orações. Às 19 horas aparecia na pequena janela do coro para dar a bênção aos fiéis que o esperavam numerosos na praça ao lado. Às 19h30 ia novamente ao refeitório comum para um jantar frugalíssimo. Logo retornava à cela e rezava durante diversas horas, até que suas pálpebras cansadas baixavam sobre os suaves olhos indagadores e os lábios secos paravam numa das milhares de ave-marias do seu interminável rosário.

Assim passavam os longos dias do Padre Pio: todos iguais, mas sempre ricos em sofrimentos, renúncias, orações, longas horas de adoração diante do Santíssimo Sacramento, sorrisos e conforto para os que sofriam e recorriam a ele para receber algum alívio. E por que não? Também eram ricos em argúcias brilhantes e respostas bem humoradas, como esta: "Padre Pio, o que devo dizer, de sua parte, à minha irmã Rosa?", perguntou-lhe uma senhora na sacristia. Sorrindo, respondeu-lhe: "Diga-lhe que se torne um cravo!".

A missa do Padre Pio

Participar de uma missa celebrada pelo Padre Pio era uma experiência inesquecível. Os que tiveram essa sorte ficaram marcados para sempre. Confirmam-no numerosos testemunhos. Relatamos alguns deles, mais significativos.

Um dos muitos filhos do capuchinho estigmatizado, advogado, jornalista e escritor Antônio Pandiscia, lembra:

> Assisti muitas vezes à missa do Padre Pio. Procurei indagar cada um dos seus gestos, dos seus olhares, mas, ao mesmo tempo, estava fascinado por todo o desenrolar do rito. Lembro que a elevação da hóstia era o momento mais bonito e mais comovente. Os minutos somavam-se aos minutos, no silêncio mais profundo, mais místico, enquanto o frade erguia bem alto o branco pão de Cristo. E ficava assim, os braços levantados para o alto, como que implorando graças, os olhos fixos na hóstia que brilhava ainda mais nas suas mãos envolvidas pelas luvas escuras de lã. O rosto do Padre Pio se iluminava à medida que o tempo passava, os olhos se arregalavam cada vez mais, tornando-se lúcidos, como cheios de lágrimas, enquanto seus lábios fremiam em orações. O Padre Pio ficava como em êxtase: parecia que falava com a hóstia, tal era a intensidade do seu olhar, a tensão do rosto, o tremor do seu corpo. Somente nesses raros momentos, na elevação da hóstia, era possível ver os olhos do Padre Pio, pois de outra forma não erguia o seu olhar. Uma vez

cronometrei o tempo que durava a elevação da missa do Padre Pio: exatamente vinte minutos. Embora fosse a missa mais comprida do mundo, no final, os fiéis permaneciam parados no seu lugar ainda durante horas, tal era a sugestão recebida.[1]

"Na missa do Padre Pio", testemunha o padre Nello Castello que dela participou centenas de vezes, às 4 horas da manhã na década de 1950 e às 5 horas na década de 1960, "éramos sempre centenas, às vezes milhares, lá, esperando que se abrisse a porta da igreja. Como assim? O Padre Pio vivia a missa, ele a celebrava e expressava. Sim. Durante aquela missa se podia ver o crucificado do Gólgota [...]. A sua missa ensinava a missa".

E um outro testemunho dizia: "Sua missa é diferente de todas as missas que se celebram no mundo, não pelo rito litúrgico diferente, não pela interpretação diferente, mas porque ele renova a paixão do Nazareno tornando-se uma hóstia viva".

D. João Fallani, bispo de Partenia, depois de ter assistido à missa do Padre Pio, disse:

> No seu rosto passam as vibrações interiores da sua alma abalada pela paixão, vivida minuto a minuto na liturgia eucarística. O Cristo está sobre a mesa; o Padre Pio começa o seu

---

[1] PANDISCIA, A. *Un contadino cerca Dio. Padre Pio.* Cinisello Balsamo (MI), Ed. San Paolo, 1990. p. 97.

colóquio místico, para passar junto com o Mestre as horas de agonia no horto. Como se ao redor do seu cálice estivesse presente o universo à escuta, ele contempla o corpo e o sangue de Jesus, revivendo a paixão e a crucificação.

Um dia, uma devota e filha espiritual, fiel do Padre Pio, perguntou-lhe:

"Padre Pio, o que é a sua missa?"

"Minha filha, a minha missa é uma mistura sagrada com a paixão de Jesus. Tudo o que o Senhor sofreu na sua paixão, inadequadamente, eu sofro também, o quanto é possível para uma criatura humana. E isso contra todo mérito meu e somente por sua bondade. Conhecendo a paixão de Jesus vocês conhecerão a minha: na de Jesus encontrarão a minha."

No dia 23 de maio de 1987, em San Giovanni Rotondo, no santuário de Santa Maria das Graças, por ocasião da visita pelo centenário do nascimento do Padre Pio, João Paulo II falou da sua missa dizendo:

> Quem não se lembra do fervor com o qual o Padre Pio revivia, na missa, a paixão de Cristo? Daqui a estima que ele tinha pela missa, que ele chamava "um mistério tremendo", como momento decisivo da salvação e da santificação do homem através da participação nos sofrimentos do Crucificado.

A missa foi para o Padre Pio a "fonte e o ápice", o fundamento e o centro de toda a sua vida e de toda a sua obra. Essa íntima e amorosa participação no sacrifício de Cristo foi para ele a origem da dedicação e disponibilidade na relação com as almas, sobretudo com aquelas emaranhadas nos laços do pecado e nas angústias da miséria humana.

O apóstolo do confessionário

Do altar ao confessionário: assim eram ritmados os dias do Padre Pio. A não ser pelos breves intervalos para a oração pessoal e para frugalíssimas refeições, dedicava a maior parte do seu longo dia às almas dos pecadores. Diz-se que pelo seu confessionário passaram cerca de cinco milhões de pessoas. Diz-se, também, que, entre homens e mulheres, confessava aproximadamente 120 penitentes por dia. Dedicava, em média, três minutos para cada um. Tratava-se, portanto, de uma confissão rápida e essencial. O Padre Pio exigia que a confissão fosse breve e clara, íntegra e sincera. Não suportava hesitações nem justificativas fáceis e ainda menos a insinceridade. Então, com voz severa e em tom de repreensão, dizia ao penitente: "Vá embora e não apareça mais antes de ...", ou então: "Vá embora! Você é um mentiroso e herege. Há meses e meses que não se aproxima do perdão de Deus!".

Exatamente isso o padre Pio disse ao advogado Antônio Pandiscia na primeira vez em que procurou o capuchinho estigmatizado para se confessar. O Padre Pio, que penetrava os corações e as consciências dos penitentes e, com o dom da introspecção, lia dentro deles, sabia antecipadamente o que queriam dizer e o que, por medo ou por vergonha, não ousavam dizer. Às vezes, ele que se antecipava ao penitente dizendo-lhe os pecados cometidos. Na segunda vez que Pandiscia se apresentou ao Padre Pio para repetir a confissão, aconteceu-lhe quase a mesma coisa, porque ele não havia respondido com a sinceridade necessária. A propósito, o escritor conta:

> Decidi ficar em San Giovanni Rotondo para preparar-me com seriedade para uma confissão com o Padre Pio. Depois de alguns dias, julguei-me finalmente pronto, porém, quando chegou a minha vez, fiquei por alguns instantes indeciso se devia ajoelhar-me diante do frade para confessar os meus pecados ou se devia ainda esperar. Mas a voz do Padre Pio ressoou: "Ué, guagliò, te vuoi spiccià ca me fai perdere tiempo?" (Vamos, rapaz, quer se apressar? Por que me faz perder tempo?) "Che, nun te vulive cunfessà cchiù?" (Não quer mais se confessar?)
>
> "Não, padre, estava apenas com medo do senhor."

"Eu sou o dono da casa!", respondeu esboçando um sorriso. Depois acrescentou: "E quer ir embora justamente agora que você está mais preparado do que as outras vezes para se aproximar do Senhor?".

Confessei os meus pecados com íntima liberdade, como se falasse a um amigo e recebi a absolvição. Saí da igreja sentindo-me mais aliviado, como libertado de um peso.[2]

O que mais surpreendia nos penitentes, bruscamente capturados, era o fato que quase não saíam mais de San Giovanni Rotondo. Depois de alguns dias de sofrimento e de reflexão, voltavam ao confessionário do Padre Pio para pedir sinceramente perdão a Deus dos seus pecados e receber dele a absolvição. Para o Padre Pio era uma grande alegria: "Eu posso até bater nos meus filhos", dizia, "mas, ai de quem tocar neles".

O padre Geraldo Di Flumeri escreve:

No ministério do confessionário, o Padre Pio empregou a maior parte do seu tempo e as melhores energias de si mesmo. Ele se empenhava totalmente neste salutar trabalho apostólico em favor das almas. E as almas acorriam numerosas ao seu confessionário, apinhando-se ao redor dele todos os dias, ininterruptamente, da manhã até a noite. Para organizar o afluxo das pessoas, foi preciso introduzir o sistema de

---

[2] Ibidem, p. 14.

inscrição prévia (7 de janeiro de 1950), que logo se revelou um meio eficaz. Além de se confessar com o Padre Pio, os fiéis ficavam em San Giovanni Rotondo por até quinze dias, às vezes, até mais. Por que o Padre Pio confessava? O Padre Pio confessava para conferir aos pecadores a graça santificante e assim reconciliá-los com Deus ou, como ele mesmo escrevia ao padre Benedito, para "desatar os irmãos dos laços de Satanás".[3]

A carta à qual se refere o padre Geraldo Di Flumeri é a de 3 de junho de 1919, na qual o Padre Pio escrevia assim ao próprio diretor espiritual:

> ... Não tenho um minuto livre: todo o tempo é gasto em desatar os irmãos dos laços de Satanás. Bendito seja Deus. Por isso, peço-lhe que não me incomode mais junto com os outros fazendo apelos à caridade, porque a maior caridade é a de arrancar almas presas por Satanás e ganhá-las para Cristo. E isso justamente eu faço assiduamente, de dia e de noite... Aqui chegam inumeráveis pessoas, de toda classe e de ambos os sexos, com o único objetivo de se confessar e sou solicitado para esse único objetivo. Acontecem conversões esplêndidas...[4]

---

[3] AMICO, op. cit., p. 127.

[4] *Epistolario*, I, pp. 1.145-1.146.

Guia espiritual

Transcrevemos, a seguir, alguns trechos tirados do livro *Padre Pio nella sua interiorità* [Padre Pio na sua interioridade], que nos apresentam o frade de Pietrelcina como confessor modelo e guia espiritual eficaz:

> O Padre Pio, mestre de espiritualidade, formado na escola dirigida por Jesus, por Maria e pelos anjos, desenvolveu um método de guia espiritual, que hoje é da maior urgência e atualidade, enquanto com a sua vida é prova do poder da graça divina diante de todo o mundo. Ainda hoje a graça de Cristo vence o mundo, apesar da confusão, das trevas e da depravação.
>
> Também o Padre Pio, com são Paulo, pode dizer que nele a graça divina não foi em vão, mas demonstrou-se poderosa. O Padre Pio não perdia tempo com piadas. Não havia sequer uma palavra inútil na sua vida entre os homens. Não pregava, não fazia conferências. Pregação verdadeira era o seu exemplo: modelo para os sacerdotes, para os religiosos e para os fiéis com a oração contínua, com a maior penitência feita de jejum contínuo, de abstinência perene, de vigilância contínua, de trabalho constante, de caridade inexaurível, de obediência, de humildade, de precisão, de prontidão a toda solicitação, de dedicação às almas, feita de oferta contínua de si sem economia, para interceder, para reparar, para obter misericórdia: tudo isso na doçura, na benevolência, no sorriso, no silêncio, na amabilidade que não conhecia limites. Sua vida era toda uma flor de caridade, de bonda-

de, de fé, de esperança, de confiança, de atos contínuos de imolação.

Ele era verdadeiramente o guia "santo e sábio", segundo o princípio de santa Teresa d'Ávila. Ou melhor, seu magistério espiritual foi além, pelo amplo patrimônio de dons místicos que Jesus lhe havia concedido, os quais lhe permitiam penetrar no íntimo de cada pessoa, de ler tudo lá [...]. Sabia entrar na alma no ponto exato, onde a graça já agia. Esta era a grande descoberta: o Padre Pio não se impunha à alma, mas a acolhia e a ajudava, guiava-a como um pai ou uma mãe a um filho.

Não é de admirar, que não poucas almas tenham deixado casa, cidade e até a pátria para morar perto dele. Assim nasceu uma segunda San Giovanni Rotondo ao redor do convento, para viver na sua escola e aproveitar a sua direção espiritual. Experimentava-se o amor de Cristo através do amor do Padre Pio. Ele não prendia a si; seu objetivo era prender a alma a Cristo. Era verdadeira transparência de Cristo.

O Padre Pio ensinava que "amar, amar sempre" é a estrada que abre o coração, para que Cristo possa entrar na alma. Ele tinha somente uma ambição: conquistar todos para Cristo, criar uma grande família de santos. E isso com todos: políticos, ministros, magistrados, trabalhadores, cardeais e bispos, pais e professores, jovens e crianças: para todos tinha luz, indicações, direção e palavras de orientação.[5]

---

[5] NEGRISOLO, A.; CASTELLO, N.; MANELLI, S. M. *Padre Pio nella sua interiorità*. Cinisello Balsamo (MI), San Paolo, 1997. pp. 255-260.

Os dois pólos da vida do Padre Pio, o altar e o confessionário, testemunham, portanto, como o capuchinho estigmatizado amava as almas com o coração e no coração de Cristo. Ele refletia esse amor, que transmitia e ensinava ajudando a todos. De fato, dizia: "Sou todo de cada um". E aos seus filhos e filhas espirituais gostava de repetir: "Vocês são sangue do meu sangue, porque eu os gerei para Jesus na dor e no amor".

Os pais do Padre Pio: Maria Giuseppa Di Nunzio e Grazio Maria Forgione

Pietrelcina: a flecha indica a modesta casa da família Forgione

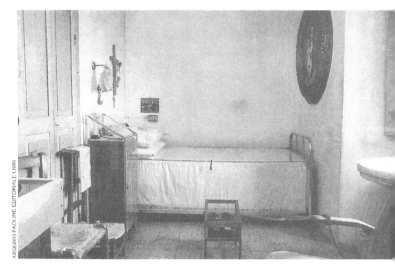

A cela que foi do Padre Pio durante os cinqüenta anos de sua permanência em San Giovanni Rotondo e onde morreu no dia 23 de setembro de 1968

Padre Pio abençoa os fiéis no fim da santa missa

San Giovanni Rotondo: Padre Pio, na porta da casa, faz uma oração de bênção para os objetos que os fiéis (que não são vistos na foto) trazem consigo

Padre Pio, num dos seus longos e intensos colóquios com Jesus, no momento da consagração

Cripta do santuário de Santa Maria das Graças: aqui repousam os restos mortais do Padre Pio de Pietrelcina

Capítulo 12
As suas "catedrais"

Entre as numerosas obras realizadas pelo Padre Pio de Pietrelcina há duas de notável valor espiritual e social: os Grupos de Oração e a Casa Alívio do Sofrimento para os doentes e sofredores. Essa casa teve "fundamentos poderosos" e "aliados preciosos" justamente nos Grupos de Oração fundados pelo Padre Pio na década de 1940, pondo em prática a férvida exortação que o grande papa Eugênio Pacelli (Pio XII) lançou em fevereiro de 1942: "Precisamos de fortes e serradas falanges de homens e de jovens que, permanecendo intimamente unidos a Cristo, pelo menos uma vez por mês recebam o pão da vida e levem outros a seguir o seu exemplo".

O Papa Pacelli e o Padre Pio

Quando o card. Eugênio Pacelli foi nomeado secretário de Estado do papa Pio XI, era fevereiro de 1930. Dirigindo-se ao pontífice ele disse: "Santidade, vai ver que não se arrependerá", mas o papa Ratti, talvez já intimamente convencido de que Pacelli o sucederia na Cátedra de Pedro, não perdeu a ocasião de mandá-lo pelo mundo para fazê-lo conhecido e, enquanto isso, fazer com que ele conhecesse o maior número possível de pessoas, expressando obviamente estima e admiração pelo seu enviado.

Segundo os planos pré-bélicos do papa Ratti, a atividade "frenética" do seu secretário de Estado objetivava defender a paz, mas, infelizmente, o segundo conflito mundial estava já às portas da Europa e nenhuma tentativa diplomática conseguiu detê-lo.

A intuição do papa Ratti demonstrou ter fundamento, porque, no dia 10 de fevereiro de 1939, quando morreu, o conclave dos 62 cardeais elegeu para o sólio pontifício o card. Eugênio Pacelli, que quis ser chamado Pio XII. Era o dia 2 de março de 1939, dia do seu 63º aniversário.

Ressoa ainda no céu o eco de seu grito angustiado, lançado a todo o mundo pelo rádio, no dia 24 de agosto de 1939: "Nada se perde com a paz, tudo pode ser perdido com a guerra". O pontificado do "Pastor angélico" — como era chamado o papa Pacelli — começava com a explosão da Segunda Guerra Mundial. Ele mostrou uma postura de firmeza constante, de coragem e de oração.

Pio XII em Roma e Padre Pio no convento de San Giovanni Rotondo, naqueles anos dolorosos, ofereceram uma mesma imagem de súplica amargurada. Esses dois personagens carismáticos do século XX nunca se encontraram, mas existia entre eles afeto e compreensão.

O papa Pacelli havia passado doze anos na Alemanha (de 1917 a 1929) como núncio apostólico, primeiro em Munique da Baviera e depois em Berlim. Tinha conhecido um caso de estigmatização não menos famoso do que o do estigmatizado do Gargano. Tratava-se de Teresa Neumann de Konnersreuth, na Baviera, e, provavelmente, esse conhecimento havia disposto benevolamente a sua grande alma para com o Padre Pio. Aconteceu, de fato, que, logo depois da sua eleição, ele disse à Cúria romana: "Deixem o Padre Pio em paz".

Naquele 1939, em clima de guerra, o papa Pacelli confidenciou a um jornalista: "O Padre Pio é um grande santo e lamento não poder dizê lo publicamente". Noutras ocasiões definiu o capuchinho estigmatizado como a "salvação da Itália". Finalmente tinha chegado um papa favorável ao Padre Pio; seus opositores, então, deveriam desistir de colocar-lhe obstáculos.

Os soldados americanos

Quando o sul da Itália foi libertado pelos aliados, escreve Renzo Allegri:

> em San Giovanni Rotondo começaram a chegar também soldados americanos e ingleses. Tinham ouvido falar do frade das chagas e todos queriam vê-lo.
>
> Nas bases aéreas militares de Foggia e de Bari corriam notícias estranhas. Alguns pilotos diziam que, durante suas missões nos céus do Gargano, tinham visto diante dos seus aviões a figura de um frade com os braços abertos como se quisesse impedir que passassem. E seus aviões, sem que ninguém interviesse nos comandos, tinham mudado de direção. Voltando às bases, apavorados, os pilotos relataram sua experiência incrível e alguém lhes falou do Padre Pio. Então foram a San Giovanni Rotondo e, vendo o padre, reconheceram nele o frade misterioso que tinha feito seus aviões mudarem de direção.
>
> Esses relatos feitos por vários pilotos impressionaram. E muitos soldados, de várias nações e religiões diversas, foram a San Giovanni Rotondo. Quatro oficiais norte-americanos, de religião protestante, chegaram a Foggia acompanhados de um intérprete. O padre, passando perto deles, parou e começou a falar, como sempre, no dialeto napolitano. Fazia perguntas e os soldados respondiam felizes. No fim da conversa, inclinaram-se reverentes e lhe beijaram as mãos. Quando o padre se afastou, voltaram-se para o intérprete e disseram: "Como o Padre Pio fala bem a língua ameri-

cana!". E o intérprete olhou estupefato para eles, porque tinha ouvido do padre somente expressões em dialeto.

A missa do dia da epifania de 1944 foi seguida por uma multidão constituída quase que somente de soldados americanos e ingleses.

Durante a guerra, em toda a Itália, aconteceram fatos desconcertantes ligados à figura do Padre Pio: bombas que não explodiam perto de pessoas recolhidas em oração diante da fotografia do Padre Pio; um grande projétil, lançado de um avião, depois de haver destruído cinco andares de um palácio, cravou-se suavemente na terra perto de uma foto do padre. Muitos diziam que salvaram a própria vida graças à foto do padre que levavam na carteira. Alguns desses fatos foram relatados ao Padre Pio que sorria divertindo-se com isso. Um dia, o padre guardião o exortou a não dar crédito às ameaças de alguns seus inimigos que diziam querer matá-lo. O padre, sorrindo, respondeu: "Mas você acredita talvez que eu tenha no bolso a fotografia do Padre Pio para me proteger?".

Após a guerra, o número de peregrinos cresceu de modo impressionante. [...] As grandes multidões de povo comprimiam o padre, tocavam nele, chamavam-no, seguiam-no. Poucos se perguntavam o quanto custava àquele frade cada olhar, cada palavra, cada bênção, cada resposta. Para muitos, sua parte humana ficava na sombra; ele era somente o estigmatizado e o profeta.[1]

---

[1] ALLEGRI, R. *A tu per tu con Padre Pio*. Milano, Mondadori, 1995. pp. 130-131.

Os grupos de oração

No meio daquela grande confusão que foi a Segunda Guerra Mundial, em 1942, ecoou no espaço o apelo angustiado do "pastor angélico", para que se elevassem ao céu muitos braços em oração e que muitas vozes implorassem a misericórdia de Deus sobre um mundo posto a ferro e fogo pelo ódio, e que somente o amor orante poderia salvar.

Com a costumeira generosidade dos santos, chegou imediatamente a resposta do Padre Pio, que levou confrades, fiéis, amigos, filhos e filhas espirituais a responder ao convite do santo padre: "Vamos começar a fazer, arregacemos as mangas, sejamos os primeiros a responder a este apelo lançado pelo romano pontífice".

Assim nasceram os Grupos de Oração, fundados pelo Padre Pio de Pietrelcina. O capuchinho orante estigmatizado, que, durante sua vida passada entre o altar e o confessionário, desfiou milhares de rosários e passou inumeráveis horas diurnas e noturnas ajoelhado em oração diante do Santíssimo sacramento, convidava a todos para a oração, dizendo:

> Não se cansem nunca de rezar. Essa é a coisa essencial. A oração toca o coração de Deus, obtém as graças... É a melhor arma que temos... É uma chave que abre o coração de Deus... é a força unida de todas as almas boas

que move o mundo, que renova as consciências, que conforta os que sofrem, que cura os doentes, que santifica o trabalho, que dá força moral e resignação cristã ao sofrimento humano, que espalha o sorriso e a bênção de Deus sobre toda enfermidade e fraqueza.

O Padre Pio, depois de ter dedicado a "catedral da dor", com a ereção da Casa Alívio do Sofrimento, edificou a "catedral da oração" com os Grupos de Oração. O mesmo Evangelho é o "viveiro" onde os grupos de oração aprofundam as suas raízes viçosas. De fato, Jesus, referindo-se à oração comunitária, diz: "Se dois de vós estiverem de acordo, na terra, sobre qualquer coisa que quiserem pedir, meu Pai que está nos céus o concederá. Pois, onde dois ou três estiverem reunidos em meu nome, eu estou ali, no meio deles" (Mt 18,19-20).

No começo, os grupos de oração formaram-se espontaneamente, sem uma organização precisa, mas em pouquíssimo tempo tornaram-se uma realidade concreta e dinâmica, em evolução contínua na Itália e no mundo. O Padre Pio não os quis ligados ao seu nome; inicialmente, quis que tivessem o nome de "Grupos de Oração Casa Alívio do Sofrimento", porque eram "dirigidos" por essa grande obra social fundada por ele. Depois, foram simplesmente chamados "Grupos de Oração".

O Padre Pio queria que os chamados Grupos se constituíssem "com a guia e a direção espiritual de um sacerdote aprovado pelo bispo". Por isso, no ano de 1951, através de um opúsculo editado pela Casa Alívio do Sofrimento, explicou-se a razão deles:

> Queremos que sigam rigorosa e fielmente os princípios, as leis e as regras da santa Igreja Católica, à qual devemos a mais devota reverência e a mais restrita obediência. Entendemos com isso evitar todos os possíveis desvios de iniciativas pessoais que, embora ditadas pelo zelo e pela boa-fé, possam de alguma forma falsear os objetivos dos Grupos de Oração.

O mesmo Padre Pio muitas vezes reforçou a seguinte recomendação: "Se a autoridade eclesiástica local não aprovasse os Grupos, haveria somente uma solução possível para isso: obedecer imediatamente. A santa Igreja é a nossa mãe comum, à qual devemos a mais absoluta e devota obediência", demonstrando com semelhantes palavras o quanto ele era ligado e submisso à Igreja.

Terminada a Segunda Guerra Mundial, encontramo-nos diante do cenário esquálido e aterrador de um mundo em desordem, com uma perda evidente dos valores cristãos e o enfraquecimento constante da fé católica. Então, o papa convidou novamente, e de maneira mais explícita, à oração: "Aquilo do qual a Igreja tem necessidade urgente", disse em 8 de março de 1952, "são fiéis e grupos de fiéis, de qualquer condição que, livres da escravidão do respeito humano, conformem toda sua vida e toda sua atividade aos mandamentos de Deus e à lei de Cristo".

O papa Pacelli morreu no dia 9 de outubro de 1958, deixando-nos como herança um último e importante dom: a sua 41ª encíclica, a *Meminisse iuvat*, do dia 14 de julho desse mesmo ano, na qual convidava a rezar à Virgem Maria pela paz do mundo e pela liberdade da Igreja. Pio XII pode bem ser definido "o papa da paz": o primeiro grande apelo do seu pontificado (24 de agosto de 1939) foi para a paz no mundo, e para a paz foram as palavras do seu último discurso (5 de outubro de 1958). No seu escudo estava escrito *Opus Justitia et Pax* (A paz é obra da justiça). E com o imperativo: "Não temamos, mas oremos", havia solicitado a formação dos Grupos de Oração que, já espalhados em todo o mundo, constituem uma "realidade orante" formidável para a Igreja e para toda a humanidade.

Em Catania, em 1959, aconteceu o primeiro Congresso Nacional dos Grupos de Oração. O acontecimento foi inserido no quadro das celebrações do Congresso Eucarístico Nacional, do qual participava todo o episcopado italiano e que previa a consagração da Itália ao Coração Imaculado de Maria, no espírito da mensagem de Fátima. Em 1959 realizaram-se ainda outros encontros diocesanos e interdiocesanos, sempre com a aprovação da Santa Sé e com as bênçãos do novo papa João XXIII.

O sucessor do papa Roncalli, o papa Montini, num Congresso dos Grupos de Oração, realizado em Roma durante o Ano Santo de 1975, disse:

> O Padre Pio, representante estampado das chagas de Nosso Senhor, entre as muitas coisas boas e santas que realizou, gerou esta multidão, este rio de pessoas que rezam, que no seu exemplo e na esperança da sua ajuda espiritual dedicam-se à vida cristã de comunhão na oração, na caridade, na pobreza de espírito e com energia da profissão cristã.

Não menos significativas foram as palavras do papa Wojtyla dirigidas aos membros dos dois mil Grupos de Oração do Padre Pio, reunidos em Roma na peregrinação jubilar em outubro de 1983: "O Padre Pio", disse João Paulo II,

> faltou na vida desta terra em setembro de 1968; mas a fecundidade misteriosa da sua longa vida de sacerdote e de religioso, filho de são Francisco de Assis, continua ainda a agir, podemos dizer, num crescendo visível, particularmente em duas obras que são tipicamente suas, porque nascidas do seu grande coração aberto ao amor de Deus e dos irmãos: os

Grupos de Oração e a Casa Alívio do Sofrimento, universalmente conhecida pelas suas benemerências, também no campo humanitário e social.

No dia 3 de maio de 1986, com a assinatura do então secretário de Estado, card. Agostinho Casaroli, os Grupos de Oração do Padre Pio receberam a aprovação do seu Estatuto pela Santa Sé. Muito difundidos na Itália e em numerosos países do mundo, podemos dizer que os Grupos de Oração, "fundamentos poderosos" e "aliados preciosos" da casa Alívio do Sofrimento, são realmente um dos maiores milagres do Padre Pio.

A Casa Alívio do Sofrimento

A outra grande realização é a Casa para os doentes e os sofredores. Trata-se de uma obra monumental, tenazmente querida pelo Padre Pio, apoiado na convicção de que a Providência "poria sua mão aí", como realmente aconteceu.

Quando, no dia 5 de maio de 1956, esse complexo hospitalar foi inaugurado na presença do card. Giacomo Lercaro, do presidente do Senado, Sr. Merzagora, do ministro Braschi, do ministro-geral da Ordem os Capuchinhos e de uma multidão imensa de devotos do padre, depois do discurso do card. Lercaro também o Padre Pio fez o seu:

Senhores e irmãos em Cristo, a Casa Alívio do Sofrimento está completa. Agradeço aos benfeitores de toda parte do mundo que cooperaram. Esta é a criatura que a Providência, ajudada por vocês, criou. Eu lhas apresento: admirem-na e bendigam juntos o Senhor Deus.

Foi posta na terra uma semente que ele regará com os seus raios de amor. Uma nova milícia feita de renúncias e de amor está para surgir para a glória de Deus, para o conforto das almas e dos corpos doentes. Não nos privem de sua ajuda, colaborem com esse apostolado de alívio do sofrimento humano, e a caridade divina que não conhece limites e que é a luz mesma de Deus e da vida eterna acumulará para cada um de vocês um tesouro de graças do qual Jesus na cruz nos fez herdeiros.

Essa obra que hoje vocês estão vendo está no começo de sua vida, mas para poder crescer e tornar-se adulta, essa criatura precisa alimentar-se e por isso ela se recomenda ainda à generosidade de vocês para que não venha a perecer de enfado e se torne a cidade hospitalar tecnicamente adequada para as exigências clínicas mais ousadas e ao mesmo tempo ordem ascética de franciscanismo militante. Lugar de oração e de ciência onde o gênero humano se encontre com Cristo Crucificado como um só rebanho, com um só pastor.

Uma etapa do caminho já está feita. Não paremos, respondamos ao chamado de Deus para a causa do bem, cada um cumprindo o próprio dever: eu, em oração incessante de servo inútil do Senhor Jesus Cristo, vocês, com o desejo apaixonante de apertar ao coração toda a humanidade sofredora para apresentá-la à misericórdia do Pai celeste; vocês com a ação iluminada pela graça, com a liberalidade, com a perseverança no bem, com a retidão de intenção. Avante, em humildade de espírito e com o coração no alto. O Senhor abençoe quem trabalhou e trabalha para essa casa e pague com muitos bens nesta vida a todos vocês e suas famílias, e com a alegria eterna na outra.

Queiram a Santíssima Virgem das Graças e o seráfico pai são Francisco do céu, e o vigário de Cristo, o sumo pontífice, na terra, interceder para que se cumpram os nossos votos.

Em 1956, na cátedra de Pedro estava ainda o papa Pacelli que, falando a um grupo de médicos, definiu a Casa Alívio do Sofrimento como "o fruto de uma das mais altas intuições, de um ideal longamente amadurecido e aperfeiçoado em contato com os mais variados e os mais cruéis aspectos do sofrimento moral e físico da sociedade".

Pela vontade expressa do Padre Pio, nos anos seguintes essa cidade hospitalar foi notavelmente ampliada, tanto que duplicou o número de leitos. O seu desenvolvimento — profeticamente delineado pelo padre fundador no discurso da inauguração — vive atualmente em função de numerosas repartições, algumas das quais até "repartições-piloto", onde se pratica a pesquisa.

Nesse grandioso hospital, com mais de 1.200 leitos, a assistência é garantida por um pequeno exército de 400 médicos e 1.200 enfermeiros. Esses dados dão uma idéia da grandiosidade e da modernidade da cidadela hospitalar, embora, em se tratando de uma estrutura em contínua evolução, vivam sujeitos a mudanças.

O nascimento dessa obra reporta-se a 1940. O Padre Pio falou do seu projeto ambicioso a um grupo de amigos de confiança e conseguiu entusiasmá-los. Assim, em 9 de janeiro do mesmo ano, redigiu-se o atestado de nascimento. Um comitê abriu a subscrição e o Padre Pio ofereceu o primeiro tijolo: uma peça de ouro de dez francos, recebido como presente de uma velhinha desconhecida.

No dia 16 de maio de 1947, teve a grande consolação de abençoar a "primeira pedra" da sua grande obra, confiando sobretudo na ajuda da providência divina, que suscitou uma gigantesca disputa de solidariedade entre os amigos e admiradores do capuchinho estigmatizado. Da França devastada pela guerra — como todos os outros países da Europa — chegou um tijolo sólido. O já citado Emanuel Brunatto, filho espiritual, amigo e defensor do Padre Pio, enviou algo em torno de três milhões e meio de francos, e assim as paredes da cidadela hospitalar começaram a subir. Ofertas grandes e pequenas continuaram a chegar de toda parte do mundo, e o grandioso hospital pôde ser inaugurado no dia 5 de maio de 1956.

O Padre Pio foi também inspirador de outras obras sociais úteis: asilos, escolas de formação, centros de reabilitação motora e uma casa de repouso para anciãos; todas obras concretizadas com a ajuda dos seus confrades e dos seus filhos espirituais.

Mesmo que o Padre Pio não tivesse tido na vida outros méritos, a Casa Alívio do Sofrimento sozinha bastaria para fazê-lo incluir entre os grandes benfeitores da humanidade.

Capítulo 13
O último decênio

Em seu último decênio de vida, Padre Pio teve de percorrer um "calvário mais doloroso que os anteriores", que chegou ao ápice na década de 1960 com uma das estações mais sofridas de sua via-crúcis.

No dia 4 de abril de 1957, o papa Pacelli nomeou-o diretor vitalício da Fraternidade da Ordem Terceira Franciscana de Santa Maria das Graças, e lhe conferiu o privilégio de dirigir pessoalmente a Casa Alívio do Sofrimento.

No dia 5 de maio do mesmo ano, no discurso pronunciado por ocasião do primeiro aniversário da cidadela hospitalar, o Padre Pio traçou as linhas programáticas da sua obra que definiu como "templo de oração e de ciência", e profetizou um centro internacional de estudos, uma casa para anciãos, um cenáculo para os exercícios espirituais e a construção de uma "nova milícia" a serviço dos doentes. No dia 7 de maio tiveram início os "três dias" do VII Congresso Nacional dos Médicos católicos italianos.

Em abril de 1959 o Padre Pio adoeceu. Mas para ele, devoto convicto de Nossa Senhora, e seu imitador, sucederam-se alguns acontecimentos alegres. No dia 1º de julho, foi consagrada a nova igreja de Santa Maria das Graças e, no dia seguinte, a preciosa imagem foi coroada pelo card. Frederico Tedeschini.

No dia 6 de agosto, a estátua de Nossa Senhora de Fátima, depois de peregrinar por cada uma das grandes cidades italianas, parou em San Giovanni Rotondo, antes de ir para a Sicília e voltar para Portugal. Foi levada a cada repartição da Casa Alívio do Sofrimento, para que os doentes pudessem rezar. O Padre Pio, que era muito devoto de Nossa Senhora de Fátima, quis saudá-la uma última vez. Como estava doente, fez-se transportar para a tribuna da nova igreja do convento e debruçou-se numa janela. Quando viu levantar vôo o helicóptero, que levava embora a imagem de Nossa Senhora peregrina — como atestam algumas testemunhas —, dirigiu-lhe esta súplica ardente: "Nossa Senhora, minha mãe, desde que a senhora entrou na Itália eu estou enfermo. Agora a senhora vai me deixar aqui doente?" De repente sentiu um "calafrio nos ossos" e disse aos confrades que estavam ao seu lado: "Estou curado".

O helicóptero com a estátua de Nossa Senhora de Fátima a bordo foi para a Sicília, última etapa da *Peregrinatio Mariae*. Na ilha tinha sido organizado, para a ocasião, um Congresso Eucarístico. No dia 13 de setembro, dia do encerramento do Congresso, os numerosos bispos presentes — através da voz do legado pontifício, card. Mimmi — consagraram a Itália ao Coração Imaculado de Maria. O papa João XXIII enviou uma mensagem pelo rádio explicando o significado dessa consagração, que visava, sobretudo, ao despertar da fé e à renovação da vida cristã.

A cura do dia 6 de agosto de 1959, por Nossa Senhora de Fátima, tinha tornado o Padre Pio "são e forte como nunca havia estado antes", como ele mesmo disse. Era, sem dúvida, uma graça significativa, concedida pela amadíssima Mãe celeste, antes da tempestade que deveria atingi-lo.

A popularidade de Padre Pio aumentava cada vez mais, e com ela também as calúnias, os equívocos e os mal-entendidos. A autoridade eclesiástica assumiu uma postura prudente, mas também restritiva e punitiva em relação às manifestações espontâneas de solidariedade que o povo tributava ao frade dos estigmas. Por esse motivo, foram novamente enviados a San Giovanni Rotondo dois prelados da Congregação do Santo Ofício e, quinze dias depois, um visitador delegado do Ministro-Geral da Ordem dos Frades Capuchinhos. O Padre Pio percorria sua via-crúcis em silêncio. Mas a época mais dolorosa foi a da visita apostólica realizada de 30 de julho a 17 de setembro de 1960, por d. Carlos Maccari, da Sagrada Congregação do Concílio.

A imprensa, escreveu Gennaro Preziuso,

> começou uma campanha escandalosa e difamatória que envolveu a Santa Sé, a Ordem dos capuchinhos e o Padre Pio que, aviltado e angustiado, andava repetindo: "O que posso fazer? Rezo para que Deus me chame logo e me liberte destes ais" [...]. Foram prescritos novos vetos, novas limitações, novas medidas de prudência, mas... restritivas. A todos e por tudo o Padre Pio obedecia com profunda humildade. Com o fim de desvendar suas intimidades e eventuais fraquezas, instalaram microfones nos lugares em que habitualmente ficava falando, até no confessionário, e faltou pouco para que numa noite fosse fulminado por uma descarga elétrica quando tentou cortar, com uma tesoura, aqueles fios estranhos que tinha descoberto. Embora condicionado por ordens e proibições, Padre Pio observou sempre com o máximo escrúpulo as disposições que lhe eram impostas pelos superiores com o fim de evitar novas polêmicas e outros comentários...[1]

Assim, depois de sua primeira reabilitação, acontecida no ano de 1933 por ordem do papa Ratti, também diante dos sucessivos e duros controles citados, dos limites pre-

---

[1] PREZIUSO, G. *La vita di Padre Pio*. Lucera (FG), Ed. Sveva, 1985. p. 124.

cisos e da investigação religioso-financeira permitida por João XXIII, que lhe causaram uma dor imensa, o Padre Pio, embora estivesse imerso num mar de ais, encontrou igualmente a força para afirmar que "a mão da Igreja é suave mesmo quando bate, porque é mão de Mãe".

Cinqüenta anos de sacerdócio

O ano de 1960, ano em que celebrava seus 50 anos de sacerdócio, por uma misteriosa coincidência, foi para o Padre Pio o ano da segunda perseguição. Isso deu ocasião a uma nova mobilização dos seus amigos e fiéis, com o objetivo de intervir em seu favor. Uma mobilização que não terminaria nem mesmo depois de sua morte. Entre seus defensores, encontramos os leigos que tinham estado na primeira linha na época da perseguição das décadas de 1920 e 1930: Emanuel Brunatto e Francisco Morcaldi. A estes se acrescentaram alguns novos chegados; entre todos, em particular, um rico industrial de Pádua, José Pagnossin que, durante trinta anos, se dedicaria a recolher um número incrível de documentos sobre a vida do estigmatizado do Gargano.

No dia 10 de agosto de 1960, Padre Pio celebrou os 50 anos de sacerdócio. O então arcebispo de Milão, card. João Batista

Montini, não escondeu sua comoção quando leu o santinho/lembrança que trazia as seguintes palavras:

> Cinqüenta anos de vida religiosa
> Cinqüenta anos pregado na cruz
> Cinqüenta anos de fogo devorador
> por ti, Senhor, pelos teus redimidos
> e esperar pacientemente
> que este fogo devorador
> queime todas as minhas entranhas
> no *cupio dissolvi?*

O futuro Paulo VI escreveu uma carta muito afetuosa:

> Veneradíssimo padre,
>
> Ouço dizer que vossa paternidade vai celebrar proximamente o qüinquagésimo aniversário de sua ordenação sacerdotal; e ouso, portanto, também eu, expressar-lhe, no Senhor, as minhas felicitações pelas graças imensas que por ele foram conferidas e por ele dispensadas.
>
> É justamente o caso de repetir com alegria e com reconhecimento para com a bondade de Deus: *Venite, audite, et narrabo omnes qui timetis Deum, quanta fecit animae meae!*. Assim merece ser celebrado o sacerdócio. O que diremos então do seu, favorecido por tantos dons e por tanta fecundidade! Expresso juntamente o voto de que Cristo Senhor se digne viver e se manifestar na pessoa e no ministério de vossa paternidade, como disse são Paulo: *Vita Jesu manifestetur in carne nostra mortali*. Sei que vossa paternidade reza também por mim. Preciso imensamente. Queira

recomendar ao Senhor esta diocese com o seu grande admirador em Cristo Jesus,

J. B. Montini, Arcebispo.

Essas expressões sinceras de afeto aqueceram o coração tão ferido do Padre Pio e, quando no dia 25 de julho de 1968 foi promulgada a encíclica *Humanae vitae* do papa Montini — já no timão da "barca de Pedro" desde 21 de junho de 1963 —, o Padre Pio sofreu muitíssimo com as reações negativas que despertou nos ambientes católicos e eclesiásticos. Quis exprimir com uma carta, datada de 12 de setembro de 1968, a própria adesão total e a dos seus filhos espirituais ao magistério de Paulo VI, "guia iluminado para a Igreja em tempestade".

Escreveu-lhe, entre outras coisas:

Santidade... sei que o vosso coração sofre muito nesses dias pela sorte da Igreja, pela paz do mundo, pelas muitas necessidades dos povos, mas sobretudo pela falta de obediência de alguns, até católicos, ao alto ensinamento que vós, assistido pelo Espírito Santo e em nome de Deus, nos dais. Ofereço-lhe a minha oração e sofrimento cotidiano, como pensamento pequeno mas sincero do último dos vossos filhos, a fim de que o Senhor vos conforte com a sua graça para continuar o reto e difícil caminho na defesa da verdade, que nunca se muda com o passar dos tempos.

Prostrado aos vossos pés vos peço que me abençoeis, e os meus confrades, os meus filhos espirituais, os Grupos de Oração, os meus doentes, todas as iniciativas de bem que, em nome de Jesus e com a vossa proteção, nos esforçamos por realizar. De Vossa Santidade,

Humilíssimo filho,

Padre Pio, capuchinho.

Depois do jubileu sacerdotal, o Padre Pio festejou o 60º ano de vestição religiosa. No dia 22 de janeiro de 1963 fazia sessenta anos — com exceção do parêntese militar — que ele vestia o hábito franciscano, adornado pelo cordão branco de são Francisco.

Escolhendo o "hábito" e a "barba" capuchinha tinha entrado na família "mais severa" dos filhos de são Francisco. Naquele 22 de dezembro de 1903, quando se tornou filho do "pobrezinho de Assis", não imaginava certamente que sua vida seria constantemente marcada pela dor.

O cálice está cheio

O Padre Pio, mesmo tendo escolhido o caminho da simplicidade e da pobreza evangélica, na década de 1960, apesar de sua inocência, viu-se no meio de uma confusão financeira que lhe causou muito sofrimento.

A generosidade dos doadores havia permitido a construção da Casa Alívio do Sofrimento e continuava a garantir parte do seu financiamento. A sua gestão despertava algumas interrogações. Foi esse, provavelmente, o principal objeto da investigação do visitador apostólico no ano de 1960; nada foi encontrado de reprovável na administração e utilização das ofertas. Mas era a situação jurídica da obra que causava problemas. De fato, ela

> era de propriedade de um religioso que tinha feito voto de pobreza, mesmo que tivesse sido dispensado por Pio XII para salvaguardar a fundação. "Depois de sua morte, o que seria de sua obra?", perguntava-se.
>
> Depois da decisão da comissão cardinalícia para a administração das obras religiosas, o papa decidiu que a Santa Sé se tornaria proprietária da obra do Padre Pio. O card. Cicognani, novo secretário de Estado, escreveu, portanto, ao Padre Pio, no dia 28 de setembro de 1961, uma carta na qual lhe pedia que transferisse a propriedade da Casa Alívio do Sofrimento para as mãos da Santa Sé. O Padre Pio, no dia 19 de novembro, obedecendo como sempre aos superiores, assinou o documento que tirava dele e dos seus fiéis a propriedade da sua "grande obra terrena".[2]

O sacrifício com o qual ele consentia estava plenamente de acordo com os preceitos de são Francisco sobre a pobreza. Além disso, com carta de março de 1957, a Pio XII, o próprio Padre Pio havia proposto que, de-

---

[2] CHIRON, op. cit., pp. 309ss.

pois de sua morte, o IOR (Istituto Opere Religione) aceitasse os bens da obra Casa Alívio do Sofrimento para destiná-los, se possível, à continuidade da mesma obra. Na época o papa tinha recusado essa oferta à Santa Sé. Naquele momento um outro papa a exigia. Padre Pio não opôs resistência. Na realidade, embora dolorosa, a medida foi certamente sábia. Com a morte do Padre Pio, a Casa Alívio do Sofrimento não seria reivindicada por ninguém: era a Santa Sé, e, portanto, toda a Igreja que, tornando-se herdeira do Padre Pio, continuaria a gerir a obra com cuidado e segundo as intenções do fundador.

Paulo VI, que nutria grande estima pelo Padre Pio — como já foi dito —, com uma intervenção direta consentiu em fazê-lo "libertar-se" do fardo das dúvidas e das maledicências.

Poucos meses depois de sua eleição ao pontificado, Paulo VI interveio diretamente junto ao Santo Ofício e, através do card. Ottaviani, fez convocar o administrador delegado em Foggia, o padre Clemente, para comunicar-lhe o desejo do papa de que o "Padre Pio exercesse o ministério sacerdotal em plena liberdade". Era o dia 30 de janeiro de 1964.

No dia 5 de maio de 1966, em San Giovanni Rotondo, celebraram-se os dez anos de fundação da Casa Alívio do Sofrimento e convocou-se para a ocasião um congresso internacional dos Grupos de Oração.

No dia 26 de dezembro desse mesmo ano, com grande participação do povo em festa, foram lembrados os 50 anos de permanência do Padre Pio no convento capuchinho de Santa Maria das Graças.

No dia 25 de maio de 1967, o Padre Pio festejou seu 80º aniversário. Uma festa marcada pela dor, em virtude do falecimento do irmão Miguel, de 85 anos, acontecida poucos dias antes. O padre estava já privado de forças físicas e, a partir de março de 1968, foi obrigado a usar uma cadeira de rodas para se deslocar. "Vivia morrendo", imergindo-se no silêncio e na oração contínua. Preparava-se para o suspirado e amoroso encontro com o seu Deus.

A alguns filhos espirituais que lhe perguntavam: "Padre, como está?", respondia: "Mal, mal, mal! Posso dizer com são Paulo: *Cursum consummavi, fidem servavi*: uma só coisa me falta — o sepulcro!".

No entanto, aproximava-se cada vez mais o dia do jubileu de sua crucificação: 20 de setembro de 1918 – 20 de setembro de 1968.

Capítulo 14
Os últimos dias

Sexta-feira, 20 de setembro de 1968: era o 50º aniversário da estigmatização do Padre Pio. Na igreja de Santa Maria das Graças não havia sinais exteriores de festa.

O único sinal que lembrava o doloroso acontecimento eram ramalhetes de rosas vermelhas deixadas pelos inumeráveis filhos espirituais, reunidos de toda parte do mundo, diante do crucifixo do coro, no quadro de Nossa Senhora e nos balaústres do presbitério. Nada de festas, portanto, mas recolhimento e oração, como queria o Padre Pio.

Seus filhos espirituais o cercaram de afeto e participaram da celebração de sua missa. Tarde da noite, na praça do Rosário, para onde dava a janela de sua cela, fizeram uma grande procissão de velas. No dia seguinte, o Padre Pio, extenuado pela asma, não pôde celebrar a missa, mas quis comungar. De tarde, fez-se acompanhar à sacada, para abençoar os filhos espirituais reunidos em San Giovanni Rotondo para celebrar o IV Congresso Internacional dos Grupos de Oração, marcado para o dia seguinte.

No domingo, 22 de setembro, o padre guardião pediu-lhe para celebrar a missa cantada, às cinco da manhã, na presença de 740 Grupos de Oração. Ele "reuniu todas as suas forças e, como sempre, obedeceu". Assistido pelos padres Onorato e Valentim, dirigiu-se para ao altar e lançou um olhar desfalecido para a multidão que superlotava a igreja.

Com voz cansada e trêmula elevou a Deus o seu último canto, depois fixou os olhos de Nossa Senhora, suavíssimos, no grande mosaico. "Mãe, eis os teus filhos", e chorou.

Tinham vindo de todas as partes do mundo para dar-lhe, sem querer, ainda um outro dia de paixão. Na consagração alguém viu, com assombro, suas mãos brancas, belas como as de uma criança. Os estigmas, que durante cinqüenta anos tinham-nas avermelhado, haviam desaparecido. Sua missão tinha chegado ao fim. Às cinco e meia o padre entoou o *Ite missa est*. Percebeu que seu coração estava para estourar. Desmaiou e se inclinou sobre si mesmo. A multidão teve um sobressalto. Das três naves elevou-se uma ovação. Se o frei Guilherme não o tivesse amparado prontamente, teria caído pesadamente sobre os degraus do altar. Tinha terminado a missa de um moribundo, de um homem que, misticamente, tinha já deixado de viver.

Acompanhado numa cadeira de rodas pelos confrades, preocupados e amedrontados, Padre Pio foi conduzido para a sacristia. Enquanto se afastava, dirigiu um olhar impressionante aos presentes. Elevou o braço e, com um nó na garganta, conseguiu dizer somente: "Meus filhos! Meus filhos!". E sentiu-se assaltar por um ímpeto de amor. Dilacerado pela ânsia de se unir a Deus e pela angústia de deixar órfãos os seus filhos, recitou mentalmente a "oração sacerdotal" de Jesus.

No santuário, os Grupos de Oração estavam ouvindo os discursos oficiais. Padre Pio deveria saudá-los ao meio-dia, mas pelas 10h30, como que abreviando os tempos, agitou um lenço branco da janela do coro, dando assim a sua saudação e a sua bênção. Houve um delírio de aplausos. À noite apareceu novamente para saudar seus filhos. Um grito o atingiu: "Padre, nós o queremos bem!". Não podendo refrear as lágrimas, foi afastado de sua janela, que se fechou para sempre.

No meio da noite

Padre Pio de Pietrelcina, que tanto amava o silêncio e a oração, deixou este mundo no coração da noite, "enquanto um quieto silêncio envolvia a terra e a noite estava no meio do seu caminho...", como recita uma antífona natalina. E morreu rezando, invocando os amadíssimos nomes de Jesus e Maria.

Há alguns anos o Padre Pio, por causa dos muitos distúrbios que o afligiam, era acordado em turnos pelos dois confrades, o padre Mariano da Santa Cruz de Magliano e o padre Pellegrino Funicelli; eles acudiam, de uma cela vizinha, a cada chamado seu.

Às 21 horas daquele 22 de setembro, era o turno do padre Pellegrino Funicelli; foi ele quem assistiu ao sereno trânsito do Padre Pio e deu o precioso testemunho sobre ele. Reproduzimos um trecho dele:

> Pouco depois das 21 horas, o Padre Pio, por meio do interfone, chamou-me ao seu quarto: estava na cama, deitado sobre o seu lado direito. Perguntou-me somente a hora marcada no despertador colocado sobre a mesa. Enxuguei algumas lágrimas dos seus olhos avermelhados e voltei para a minha cela, atento ao interfone sempre ligado.
>
> O padre chamou-me outras cinco vezes, até a meia-noite. Tinha sempre os olhos vermelhos de pranto, mas de um pranto sereno, suave. À meia-noite, como uma criança medrosa, suplicou-me: "Fique comigo, meu filho", e começou a perguntar-me com muita freqüência as horas. Olhava-me com os olhos cheios de súplica, apertando-me fortemente as mãos...
>
> Em seguida quis confessar-se e, terminada sua confissão sacramental, disse: "Meu filho, se o Senhor me chamar hoje, peça perdão por mim a todos os irmãos, por todos os aborrecimentos que causei; e peça aos confrades e aos meus filhos espirituais uma oração pela minha

alma". Depois pediu para renovar o ato da profissão religiosa.

Era uma hora quando me disse: "Ouça, meu filho, eu aqui na cama não estou respirando bem. Deixe-me sentar numa cadeira, talvez possa respirar melhor". Depois disse: "Vamos um pouco para o terraço". [...] Voltando para a cela, notei que o padre começava a empalidecer. Na fronte havia um suor frio. Apavorei-me, porém, quando vi que seus lábios começavam a se tornar lívidos. Ele repetia continuamente: "Jesus... Maria", com voz cada vez mais fraca. Movimentei-me para ir chamar algum confrade, mas ele me impediu dizendo: "Não acorde ninguém". [...] Respondi-lhe com uma súplica: "Pai espiritual, agora deixe-me ir". E rapidamente fui até a cela do padre Mariano, mas vendo a porta do frei Guilherme aberta, entrei, acendi a luz e o sacudi: "O Padre Pio está mal". Num momento frei Guilherme chegou até a cela do Padre Pio e eu corri para telefonar ao Dr. Sala. Este chegou depois de uns dez minutos e, apenas viu o Padre Pio, preparou logo o necessário para aplicar-lhe uma injeção.

Quando tudo estava pronto, frei Guilherme e eu tentamos levantá-lo, mas, não conseguindo, tivemos de acomodá-lo na cama. O doutor aplicou a injeção e depois ajudou a acomodá-lo na poltrona, enquanto o Padre Pio repetia com voz cada vez mais fraca e com o movimento dos lábios cada vez mais imperceptível: "Jesus... Maria". Aos poucos, chamados pelo Dr. Sala, começaram a chegar Mário Penelli, sobrinho do Padre Pio, o diretor sanitário da Casa Alívio, Dr. Gusso, e o Dr. João

Scarale; enquanto isso, chamados por mim, tinham já chegado o padre guardião, o padre Mariano e outros confrades. Enquanto os médicos aplicavam o oxigênio, primeiro com o tubo e depois com a máscara, o padre Paulo de San Giovanni Rotondo administrava ao pai Espiritual o sacramento dos enfermos e os outros confrades, ajoelhados todos ao redor, rezavam. Pelas 2h30, inclinou suavemente a cabeça sobre o peito; tinha expirado.[1]

A noite tinha apenas passado da "metade do seu caminho" e o silêncio ainda "envolvia a terra", rompido apenas pelo coro suave de vozes em oração.

Segundo os testemunhos de alguns filhos espirituais, ele sabia o dia de sua morte. No dia em que recebeu os estigmas, Jesus lhe havia dito: "Você os levará durante cinqüenta anos, depois virá para mim". E assim foi. O padre Carmelo de San Giovanni in Galdo, guardião da comunidade capuchinha de San Giovanni Rotondo, logo depois do passamento do Padre Pio, quis observar de perto os estigmas na presença de algumas testemunhas. Todos os presentes ficaram estupefatos com o novo prodígio: as feridas das mãos, dos pés e do lado tinham desaparecido completamente, sem deixar qualquer sinal ou traço de cicatriz. A falta de qualquer sinal de cicatriz representava, então, "um mistério no mistério".

---

[1] PREZIUSO, *La vita di Padre Pio*, op. cit., pp. 167-171.

Os funerais

Na solenidade litúrgica da morte, o Padre Pio parecia sereno, com a estola sacerdotal nos ombros, o crucifixo, o terço e a regra franciscana nas mãos: suas três grandes devoções. Os restos mortais, colocados sobre uma essa, rodeada de candelabros e vasos de flores brancas, foram dispostos no presbitério do santuário de Nossa Senhora das Graças, no começo da nave central. Dez concelebrantes começaram a primeira missa de sufrágio às 8h30. Um mar de pessoas, apinhadas no interior do santuário, participava da missa chorando e rezando.

Na parte mais alta da Casa Alívio do Sofrimento agitava-se a bandeira a meio mastro. Num sopro a notícia da morte do Padre Pio espalhou-se por toda parte. O papa Paulo VI, que o amava muito e o estimava, logo celebrou uma missa em sufrágio pela sua alma.

Em Pietrelcina, o sino da Igreja matriz, em vez de soar em luto, soou em tom festivo.

O caixão de madeira foi substituído por uma de caixa de aço coberto com um cristal, para tornar visível e ao mesmo tempo proteger os restos mortais que, depois, foram sepultados na cripta do santuário.

Nos dias 24 e 25, uma multidão imensa, enfileirada por entre as balaustradas, desfilou diante do féretro do Padre Pio. Eram cerca de cem mil pessoas vindas de toda parte do mundo. Às 15h30 do dia 26 de setembro, o cortejo fúnebre precedido de militares, religiosos, religiosas, alunas enfermeiras, sacerdotes e frades, dirigiu-se até o centro de San Giovanni Rotondo, seguido de uma multidão de fiéis em lágrimas. Os helicópteros da polícia e da aviação fizeram descer do céu uma chuva de papéis e de flores.

Quando o cortejo fúnebre chegou à praça de San Giovanni Rotondo, o prefeito da cidadezinha, Dr. Sala, leu um breve discurso de homenagem e saudação ao Padre Pio. Em seguida, o longo e apinhado cortejo se pôs em movimento. Às 19 horas, na praça do convento, teve início a solene concelebração, presidida pelo padre Clemente de Wissingen, ministro-geral da Ordem dos frades capuchinhos. O padre Clemente de Santa Maria in Punta, administrador apostólico da província capuchinha de Foggia, pronunciou um tocante elogio fúnebre e leu o telegrama de condolências enviado pela Santa Sé. No final da missa, o bispo d. Antônio Cunial, administrador apostólico de Manfredonia, abençoou os restos mortais do venerado Padre Pio. Às 20h30, o caixão foi levado para a cripta do santuário, onde foi sepultado.

Hoje, mais do que nunca, a tumba do Padre Pio é meta de contínuas peregrinações.

São centenas de milhares as pessoas de toda categoria e classe social que todo ano se dirigem a San Giovanni Rotondo para visitar os lugares onde viveu o Padre Pio e rezar sobre sua tumba.

Ainda hoje se vai aos lugares do Padre Pio para se confessar, como quando ele estava vivo. De fato, ele, apóstolo incansável do confessionário, dizia: "Todo aquele que subir este monte não será esquecido por mim...". E ainda: "Ninguém subirá este monte sem experimentar a misericórdia divina".

Capítulo 15
Padre Pio, santo

Eis o longo itinerário que conduziu o estigmatizado do Gargano à honra dos altares.

4 de novembro de 1969: o postulador dos capuchinhos, padre Bernardino de Sena, pede ao bispo, d. Antônio Cunial, administrador apostólico de Manfredonia, que inicie o processo de beatificação e canonização do Padre Pio.

16 de janeiro de 1973: o arcebispo de Manfredonia, d. Valentino Vailati, entrega à Sagrada Congregação para as Causas dos Santos a documentação exigida para o *nada obsta* para a introdução da causa de beatificação do Padre Pio.

3 de março de 1980: d. Valentino Vailati entrega documentação posterior sobre o Padre Pio.

29 de novembro de 1982: o papa João Paulo II assina o decreto para a introdução do processo informativo sobre a vida e as virtudes do servo de Deus Padre Pio.

20 de maio de 1983: abre-se oficialmente em San Giovanni Rotondo o processo informativo sobre o Padre Pio.

21 de janeiro de 1990: no santuário do convento de San Giovanni Rotondo conclui-se solenemente a fase diocesana do processo do Padre Pio. No decorrer dos sete anos foram ouvidas 73 testemunhas. Recolheu-se uma notável mole de documentos sobre a vida e as obras do Padre Pio. Ao todo, 104 volumes foram levados para Roma, para a Congregação para a Causa dos Santos.

Abril de 1997: toda a documentação é sintetizada nos cinco volumes da *Positio super virtutibus*, que são entregues aos cardeais da referida Congregação para um seu parecer sobre a heroicidade das virtudes teologais, das virtudes cardeais e religiosas do Padre Pio.

18 de dezembro de 1997: João Paulo II convalida os pareceres das duas comissões e confere ao Padre Pio o título de "Venerável".

No dia 21 de dezembro de 1998, na Sala do Consistório, realiza-se o último ato formal exigido para a beatificação. Na presença do papa Wojtyla (que o assinará), é lido o decreto que reconhece "milagrosa" a cura da senhora Consiglia De Martino, atribuída à intercessão do Padre Pio de Pietrelcina.

No domingo, 2 de maio de 1999, em Roma, na praça da Basílica de São Pedro, durante uma cerimônia solene, Sua Santidade João Paulo II proclama "beato" o Padre Pio de Pietrelcina, na presença de numerosas autoridades eclesiásticas e civis, de um mar de fiéis devotos, comovidos e exultantes, vindos de toda a Itália, da Europa e de todas as partes do mundo.

O mesmo papa Wojtyla, que sempre amou e estimou o Padre Pio de Pietrelcina, e que foi testemunha direta de um milagre operado por ele com a cura da professora polonesa Wanda Poltawska, na vigília do Grande Jubileu do Ano 2000, teve a honra e a alegria de proclamar beato o maior místico do século XX.

No dia 26 de fevereiro de 2002, na presença do papa João Paulo II, foi promulgado o decreto sobre a canonização do Padre Pio.

No dia 16 de junho de 2002, diante de uma das maiores multidões que já lotaram a Praça de São Pedro, no Vaticano, em Roma, o papa João Paulo II canonizou o Padre Pio de Pietrelcina. O novo santo, são Padre Pio de Pietrelcina, é celebrado na liturgia no dia 23 de setembro, dia de sua morte.

Apêndice

DO EPISTOLÁRIO
(vol. I)

Do Padre Pio ao padre Benedito

Carta n. 168

Pietrelcina, 20 de dezembro de 1913

Meu caríssimo padre,

A graça do Espírito Santo o ajude a santificar-se.

Nas próximas festas do Natal e do Ano-Novo, com o coração cheio de reconhecimento e com afeto mais que filial, envio-lhe os meus sinceros augúrios, fazendo votos ao celeste menino pela sua felicidade espiritual e temporal.

Não duvide, padre, que o seu filho saiba fazer, na sua pequenez, o seu dever com o nosso Pai comum, com firme confiança de ver cumpridos os seus desejos. Que a criancinha que vai nascer acolha as minhas fracas e débeis orações, que a ela vou dirigir com a mais santa insistência nestes dias pela Ordem, pelos superiores, pela província e por toda a Igreja.

Veja que fenômeno curioso está acontecendo em mim, de uns tempos para cá, e que, de resto, causa-me muita preocupação. Na oração acontece-me esquecer de rezar por quem se recomenda a mim (não de todos, porém) ou então por quem eu teria intenção de rezar. Esforço-me antes de começar a rezar para recomendar, por exemplo, uma ou outra pessoa, mas logo, meu Deus, que começo a rezar, a minha mente fica num vazio perfeito e nenhuma lembrança mais se encontra nela daquilo que me preocupava tanto.

Outras vezes, no entanto, sinto-me movido, estando em oração, a rezar por aqueles por quem nunca tive intenção de rezar e, o que é mais maravilhoso, às vezes por pessoas que nunca conheci, nem vi, nem ouvi e que nunca se recomendaram a mim nem mesmo através de outros.

E, cedo ou tarde, o Senhor ouve sempre essas orações.

Que o Senhor o faça conhecer o verdadeiro significado desse tão estranho e tão novo fenômeno e, se Deus quiser, depois que o senhor se pronunciar, rogo-lhe que não me prive dele.

Queira receber também os augúrios dos meus e de todos os conhecidos, enquanto me recomendo às suas orações, professo-me seu pobre.

Frei Pio

Carta n. 180

Pietrelcina, 18 de março de 1914

Caríssimo padre,

Estou superlativamente alegre pelo iminente dia de seu onomástico. Desejo-lhe que seja cheio de todas as bênçãos celestes. Multiplicarei neste dia os meus votos ao Senhor e ao santo do qual leva o nome pela sua preciosa existência.

O doce Jesus e a santíssima Virgem Maria nos façam ser dignos da glória eterna.

Estaria precisando de intenções de missas, por isso lhe peço faça-me a caridade de me providenciar.

Beijo-lhe a mão e peço-lhe a bênção.

Frei Pio

Do Padre Pio ao padre Agostinho

Carta n. 198

Pietrelcina, 10 de julho de 1914

Caríssimo padre,

A paz de Jesus esteja sempre no vosso coração e vos afaste de toda aflição.

Quando rezei ao bom Jesus para que me fizesse entender a tempestade que nestes dias está acontecendo em vosso espírito, não sei dizer com palavras! Esse nosso amabilíssimo Jesus me fez perceber que não me haveria jamais manifestado as vossas aflições presentes, porque dificilmente teria podido conservar-me vivo, se estas me fossem reveladas.

Somente Jesus me fez perceber o motivo pelo qual vos mandou essa nova aflição. Meu pobre padre, o que caiu sobre vós! Imagino a vossa aflição, que deve ser muito grande. Por isso, se me fosse revelada, poderia morrer por causa dela, segundo a palavra de Jesus.

No entanto, não sei esconder-vos que sinto como minhas todas as vossas angústias e que sou levado, como por um instinto cego, a suplicar à divina piedade que mande que se desista de vos martirizar mais.

Mas, enquanto rezo tão insistentemente, vejo ainda com grandíssima alegria do meu espírito um tal comportamento do meu Senhor para convosco. Seja-vos de conforto salutar, meu caríssimo padre, saber que tudo reverterá para a glória de sua divina Majestade. A glória do Pai celeste seja o que vos mantenha sempre alerta para defender-vos dos golpes do inimigo. Não vos abandoneis, meu padre, aos ataques de Satanás, porque Jesus vos faz saber que nessa nova luta não permitirá realmente que o inimigo atinja o vosso espírito.

Coragem, pois, e avante! Jesus quer com essa prova fazer uma limpezinha no vosso espírito, por isso, sede agradecido a ele. Antes, porém, que a presente chegue ao seu destino, tenho confiança ilimitada no Pai celeste, que essa luta que estais sustentando será, pelo menos em parte, muito mais fraca e, portanto, será mais fácil suportá-la, uma vez que o dulcíssimo Jesus, depois de minha oferta voluntária, fez-me partícipe dela.

Suplicai, também vós, a piedade divina, que acabe de completar o que começou, com a condição que vos poupe, porque a vossa pessoa é muito necessária à religião e ao bem das almas.

Prometo-vos ainda nunca cessar de fazer um insistente apelo ao coração do divino esposo, para que vos ilumine para bem guiar as almas que vos confia.

De mim o que devo dizer-vos? Minha alma deve sustentar uma luta contínua. Não vejo outra saída senão abandonar-me nos braços de Jesus, onde ele freqüentemente permite que eu adormeça. Felizes sonos! São uma feliz recuperação para a alma pelas lutas sustentadas.

Sobre a saúde física vejo que melhorei, mas me sinto ainda fraco, especialmente no peito.

Ponho um ponto. O meu físico não permite continuar mais.

Beijo-vos a mão e me declaro sempre vosso pobre filho.

Frei Pio

Carta n. 199

Pietrelcina, 10 de julho de 1914

Meu caríssimo padre,

Jesus esteja sempre no seu coração e o faça santo.

Escrevo-lhe por ordem e em nome do arcipreste para convidá-lo a pregar aqui na festa de agosto próximo futuro, em honra de Maria santíssima, a festa da Líbera, isto é, na noite de 31 do corrente, na noite de sábado, 1º de agosto, e o panegírico, no domingo, dia 2 de agosto, depois do evangelho da missa solene.

Nas duas noites poderia fazer duas preleções morais ou dois sermões, à vontade, e na manhã da festa o sermão na missa de Nossa Senhora. O arcipreste pensou logo em V. Revmª, agora que ele organiza a festa e o famoso comitê não intervém mais, uma vez que, por causa de um conjunto de coisas, não mais existe e está moralmente morto.

Ao pedido ardente do arcipreste acrescento também o meu, para que aceite o convite e assim venha passar junto conosco alguns dias; tanto mais que meu pai é um dos membros da comissão para a referida festa e o prefeito é o Dr. Crafa, amicíssimo do arcipreste.

O pedido que ambos lhe fazemos é ainda de escrever pelo correio se aceita, temos certeza, e telegrafar-nos, se não puder vir pregar, *quod Deus avertat.*

Veja, caro padre, Jesus nos oferece uma outra bela ocasião para podermos nos rever e conversar longamente muitas belas coisas, todas coisas de Jesus.

Agradeço-lhe em nome do arcipreste e de todos os conhecidos.

Frei Pio

Carta n. 211

Pietrelcina, 16 de novembro de 1914

Caríssimo padre,

Jesus o ajude sempre e o faça gozar o merecido descanso de seus trabalhos.

Jesus quer que a presente lhe chegue através de dona Rafaelina.

Relato-lhe o que Jesus me sugere sobre o estado daquela alma, que você e dona

Rafaelina tanto me recomendaram. "É uma alma", disse ele, "muito querida a mim! Façam-na saber, no entanto, que o trabalho, o retiro, a oração e a freqüência dos sacramentos a santificarão".

"Que também se abandone", ele dizia ainda, "neste meu coração e se lembre de que eu sou o Pai especialíssimo dos órfãos. Minha mãe substitui a outra mãe que eu quis para mim".

Padre, essa alma, então, é órfã? Não ousei perguntar a Jesus se o seu desejo será cumprido; para dizer o que sinto, parece-me que por ora ela continuará a viver fora do claustro. No entanto, rezemos para que o que parece impossível hoje, se realize no futuro.

Não cesso, portanto, de fazer uma suave pressão no coração do Pai celeste pela alma de V. Revmª e por todas as almas que quer bem.

Não me negue então a caridade que lhe pedi na outra minha carta: reze e faça rezar por aquela finalidade que lhe escrevi.

A casula que me deu está um pouco rota na parte da frente. Peço-lhe, portanto, que se conseguir encontrar um pedaço de tecido daquela cor, quando puder, mande-me; ser-lhe-ei cada vez mais ligado pelo vínculo de gratidão.

Não se preocupe, porém, com esse meu pedido, diversamente ficaria constrangido.

Saúdo-o e o beijo no beijo santo do Senhor.

Frei Pio

Congregação das Causas dos Santos
DECRETO SOBRE AS VIRTUDES HERÓICAS DO SERVO DE DEUS PADRE PIO DE PIETRELCINA

"Quanto a mim, que eu me glorie somente da cruz de nosso Senhor Jesus Cristo" (Gal 6,14).

O Padre Pio de Pietrelcina, como o apóstolo Paulo, pôs a santa cruz, que foi sua força, sua sabedoria e sua glória, no vértice de sua vida e do seu apostolado. Livre das vaidades do mundo e inflamado de amor por Jesus Cristo, identificou-se com ele na imolação de si para a salvação do mundo. Na seqüela e na imitação da Vítima divina foi tão generoso e perfeito que poderia dizer: "Com Cristo eu fui pregado na cruz. Eu vivo, mas nao eu: é Cristo que vive em mim" (Gl 2,19). Nem quis reter para si os tesouros de graça, que Deus lhe havia concedido com generosidade singular; por isso, sem descanso, com o seu sagrado ministério, serviu os homens e as mulheres que a ele acorriam e gerou uma imensa multidão de filhos e filhas espirituais.

Esse digníssimo seguidor de são Francisco de Assis nasceu no dia 25 de maio de

1887 em Pietrelcina, na arquidiocese de Benevento, de Grazio Forgione e Maria Giuseppa Di Nunzio. Foi batizado no dia seguinte com o nome de Francisco. Passou a infância e a adolescência num ambiente sereno e tranqüilo: casa, igreja, campos e, mais tarde, escola. Aos 12 anos recebeu o sacramento da crisma e a primeira comunhão.

Aos 16 anos, no dia 6 de janeiro de 1903, entrou no noviciado da Ordem dos Frades Menores Capuchinhos em Morcone onde, no dia 22 do mesmo mês, vestiu o hábito franciscano e chamou-se Frei Pio. Terminado felizmente o ano de noviciado, emitiu a profissão dos votos simples e, no dia 27 de janeiro de 1907, a dos votos solenes.

Depois da ordenação sacerdotal, recebida no dia 10 de agosto em Benevento, permaneceu com os seus até 1916 por motivos de saúde. Em setembro do mesmo ano foi mandado para o convento de San Giovanni Rotondo e aí permaneceu até a morte, com grande edificação de muitos fiéis. Estes, no ano de 1918, viram nele os sinais da paixão do Senhor e outros carismas.

Abrasado pelo amor de Deus e pelo amor do próximo, o Padre Pio viveu em plenitude a vocação de contribuir para a redenção do homem, segundo a especial missão que caracterizou toda a sua vida. Executou esse programa com três meios: mediante a direção das almas, mediante a reconciliação sacramental dos pecadores, mediante a celebração da santa missa. Confessar-se com o Padre Pio não era coisa fácil para a grande multidão dos penitentes. O momento mais alto da sua atividade apostólica era aquele no qual celebrava a santa missa. Os fiéis que participavam dela percebiam nela o vértice e a plenitude de sua espiritualidade.

No plano social, o Padre Pio empenhou-se muito para aliviar dores e misérias de muitas famílias, principalmente com a fundação da "Casa Alívio do Sofrimento", inaugurada no dia 5 de maio de 1956. No plano espiritual fundou os "Grupos de Oração", por ele mesmo definidos "viveiros de fé e lares de amor", e pelo sumo pontífice Paulo VI "grande rio de pessoas que rezam".

Para o servo de Deus a vida era a fé: tudo queria e tudo fazia à luz da fé. Para alimentá-la, dedicou-se assiduamente à oração. Durante o dia e grande parte da noite, de fato, estava em colóquio com Deus. Dizia: "Nos livros procuramos Deus, na oração nós o encontramos. A oração é a chave que abre o coração de Deus". A fé levou-o sempre à aceitação da vontade misteriosa de Deus. Foi um religioso imerso nas realidades sobrenaturais e contagiava a todos com a sua fé, irradiando-a para os que dele se aproximavam.

Ele era não somente um homem de esperança e confiança total em Deus, mas também infundia essas virtudes nas almas pelas palavras e pelo exemplo.

O amor de Deus o plenificava, satisfazendo toda sua expectativa; a caridade era o princípio inspirador do seu dia. Deus para amar e para fazer amar. Sua preocupação particular: crescer e fazer crescer na caridade. Esse era o segredo da sua vida sacrificada, que transcorria no confessionário e na direção das almas.

Expressou o máximo de sua caridade para com o próximo acolhendo, por mais de cinqüenta anos, muitíssimas pessoas que procuravam o seu ministério, o seu conselho e o seu conforto. Era quase um assédio de amor: procuravam-no na igreja, na sacristia, no convento. E ele dava a todos o seu amor, fazendo renascer a fé, distribuindo graça, levando luz e conforto evangélico. Via nos pobres, nos sofredores e nos doentes a imagem de Cristo e doava-se especialmente a eles.

Exerceu de modo exemplar a virtude da prudência, agia e aconselhava à luz de Deus.

Seu interesse era a glória de Deus e o bem das almas. Tratou a todos sem preferências, com lealdade e grande respeito. Brilhou nele a virtude da fortaleza. Compreendeu muito cedo que seu caminho seria o da cruz, e aceitou-o logo, com coragem e por amor. Experimentou por muitos anos os sofrimentos da alma. Durante anos suportou as dores das suas chagas e com admirável fortaleza. Aceitou em silêncio e oração as numerosas intervenções da autoridade eclesiástica e de sua Ordem. Diante das calúnias, calou-se sempre.

A oração e a mortificação eram os meios usados habitualmente por ele para conseguir a virtude da temperança, em conformidade com o estilo franciscano. Era temperante na mentalidade e no modo de viver.

Consciente das obrigações assumidas na vida consagrada, observou com generosidade os votos religiosos. Amava-os, porque eram conselhos de Cristo e meios de perfeição. Foi obediente em tudo às ordens dos superiores, também quando eram pesadas. Sua obediência era sobrenatural na intenção, universal na extensão e integral na execução.

Exerceu o espírito de pobreza com total desapego de si mesmo, dos bens terrenos, das comodidades e das honras. Teve sempre uma grande predileção pela virtude da castidade. Seu comportamento era modesto, em qualquer lugar e com todos.

Considerava-se sinceramente inútil, indigno dos dons de Deus, cheio de misérias e ao mesmo tempo de favores divinos. No meio de tanta admiração do mundo ele repetia: "Quero ser somente um pobre frade que reza".

Sua saúde, desde a juventude, não foi muito exuberante e, sobretudo nos últimos anos de sua vida, declinou rapidamente.

A irmã morte colheu-o preparado e sereno no dia 23 de setembro de 1968, na idade de 81 anos. Seu funeral foi caracterizado por uma extraordinária afluência de povo.

No dia 20 de fevereiro de 1971, apenas três anos após a morte do servo de Deus, Paulo VI, falando aos superiores da Ordem capuchinha, disse dele:

> Olhem que fama ele teve, que clientela mundial se reuniu em torno de si! Mas por quê? Talvez porque fosse um filósofo? Porque fosse um sábio? Porque tinha muitos meios à disposição? Porque rezava a missa humildemente, confessava da manhã à noite, e era — difícil de dizer — representante estampado das chagas de Nosso Senhor. Era um homem de oração e de sofrimento.

Já durante a sua vida gozava de grande fama de santidade, devida às suas virtudes, ao seu espírito de oração, de sacrifício e de dedicação total ao bem das almas.

Nos anos seguintes à sua morte, a fama de santidade e de milagres foi crescendo cada vez mais, tornando-se um fenômeno eclesial, espalhado em todo o mundo, em todas as categorias de pessoas.

Deus manifestava assim à Igreja a vontade de glorificar na terra o seu servo fiel. Não havia passado muito tempo e a Ordem dos Frades Menores Capuchinhos completou os passos previstos pela lei canônica para iniciar a causa de beatificação e canonização. Examinada cada coisa, a Santa Sé, conforme a norma do *Motu Proprio "Sanctitas clario"*, concedeu o *nada obsta* no dia 29 de novembro de 1962. O arcebispo de Manfredonia pôde assim proceder à introdução da causa e à celebração do processo informativo (1983-1990). No dia 7 de dezembro de 1990 a Congregação das Causas dos Santos reconheceu-lhe a validade jurídica. Terminada a *Positio*, discutiu-se, como de costume, se o servo de Deus tinha exercido as virtudes em grau heróico. No dia 13 de junho de 1997, realizou-se o Congresso Peculiar de consultores teólogos com resultado positivo. Na Sessão Ordinária de 21 de outubro seguinte, sendo postulador da causa o Exmo. d. André Maria Erba, bispo de Velletri Segni, os padres cardeais e os bispos reconheceram que o Padre Pio de Pietrelcina exerceu em grau heróico as virtudes teologais, cardeais e anexas.

O subscrito pró-prefeito informou o sumo pontífice João Paulo II sobre as etapas completadas para a causa. Sua Santidade, colhendo e aprovando o juízo da Congregação das Causas dos Santos, ordenou que fosse redigido o decreto sobre a heroicidade das virtudes do servo de Deus.

Feito isso, conforme as normas, reunidos com ele, na data de hoje, o subscrito pró-prefeito, o postulador da causa, eu, arcebispo secretário da Congregação e os outros que são habitualmente convocados à sua presença, o beatíssimo padre declarou solenemente:

> Consta que o servo de Deus Padre Pio de Pietrelcina, cujo nome de batismo era Francisco Forgione, sacerdote professo da Ordem dos Frades Menores Capuchinhos, exerceu em grau heróico não só as virtudes teologais da fé, esperança e caridade, quer para com Deus, quer para com o próximo, como também as virtudes cardeais da prudência, justiça, fortaleza, temperança, e as virtudes anexas para os fins e para os efeitos de que se trata.

O sumo pontífice ordenou, enfim, que esse decreto fosse publicado e conservado nos atos da Congregação das Causas dos Santos.

Dado em Roma, no dia 18 de dezembro, no ano do Senhor de 1997.

Assinam:

Alberto Bovone
Arcebispo titular de Cesaréia
da Numídia, pró-prefeito

Edward Nowak
Arcebispo titular de Luni, secretário

HOMILIA DO SANTO PADRE JOÃO PAULO II NA CANONIZAÇÃO DO PADRE PIO DE PIETRELCINA

Domingo, 16 de junho de 2002

1. "O meu jugo é suave e o meu fardo é leve" (Mt 11,30).

As palavras dirigidas por Jesus aos discípulos, que acabamos de ouvir, ajudam-nos a compreender a mensagem mais importante desta solene celebração. De fato, podemos considerá-las, num certo sentido, como uma magnífica síntese de toda a existência do Padre Pio de Pietrelcina, hoje proclamado santo.

A imagem evangélica do "jugo" recorda as numerosas provas que o humilde capuchinho de San Giovanni Rotondo teve de enfrentar. Hoje, contemplamos nele como é suave o "jugo" de Cristo e verdadeiramente leve o seu fardo quando é carregado com amor fiel. A vida e a missão do Padre Pio testemunham que as dificuldades e os sofrimentos, se forem aceitos por amor, transformam-se num caminho privilegiado de santidade, que abre perspectivas de um bem maior, que só Deus conhece.

2. "Quanto a mim, que eu me glorie somente da cruz de nosso Senhor, Jesus Cristo" (Gl 6,14).

Não é, porventura, precisamente a "glorificação da cruz" o que mais resplandece em Padre Pio? Como é atual a espiritualidade da cruz vivida pelo humilde capuchinho de Pietrelcina! O nosso tempo precisa redescobrir o valor de abrir o coração à esperança.

Em toda a sua existência, ele procurou conformar-se cada vez mais com o Crucificado, tendo clara consciência de ter sido chamado para colaborar de modo peculiar na obra da redenção. Sem essa referência constante à cruz não se compreende a sua santidade.

No plano de Deus, a cruz constitui o verdadeiro instrumento de salvação para toda a humanidade e o caminho proposto explicitamente pelo Senhor a todos aqueles que desejam segui-lo (cf. Mc 16,24). O santo frade do Gargano compreendeu isso muito bem, e na festa da Assunção de 1914 escreveu: "Para alcançar a nossa única finalidade é preciso seguir o Chefe divino, o qual, unicamente pelo caminho que ele percorreu, deseja conduzir a alma eleita; isto é, pelo caminho da abnegação e da cruz" (*Epistolario II,* p. 155).

3. "Eu sou o Senhor, que põe em prática a misericórdia" (Jr 9,23).

Padre Pio foi um generoso dispensador da misericórdia divina, estando sempre disponível para todos através do acolhimento, da direção espiritual e, sobretudo, da administração do sacramento da penitência. O ministério do confessionário, que constitui uma das numerosas características que distinguem o seu apostolado, atraía numerosas multidões de fiéis ao Convento de San Giovanni Rotondo. Mesmo quando aquele singular confessor tratava os peregrinos com severidade aparente, eles, tomando consciência da gravidade do pecado e arrependendo-se sinceramente, voltavam quase sempre atrás para o abraço pacificador do perdão sacramental.

Oxalá o seu exemplo anime os sacerdotes a realizar com alegria e assiduidade esse ministério, muito importante também hoje, como desejei recordar na Carta aos Sacerdotes por ocasião da passada Quinta-feira Santa.

4. "Senhor, tu és o meu único bem."

Assim cantamos no Salmo Responsorial. Por meio dessas palavras o novo santo convida-nos a colocar Deus acima de tudo, a considerá-lo como o nosso único e sumo bem.

De fato, a razão última da eficácia apostólica do Padre Pio, a raiz profunda de tanta fecundidade espiritual, encontra-se na íntima e constante união com Deus de que eram testemunhas eloqüentes as longas horas passadas em oração. Gostava de repetir: "Sou um pobre frade que reza", convencido de que "a oração é a melhor arma que possuímos, uma chave que abre o coração de Deus". Essa característica fundamental da sua espiritualidade continua nos "Grupos de Oração" por ele fundados, que oferecem à Igreja e à sociedade o admirável contributo de uma oração incessante e confiante. O Padre Pio unia à oração também uma intensa atividade caritativa, da qual é uma extraordinária expressão a "Casa Alívio do Sofrimento". Oração e caridade, eis uma síntese muito concreta do ensinamento do Padre Pio, que hoje é proposto a todos.

5. "Eu te louvo, Pai, Senhor do céu e da terra, porque... estas coisas... as revelaste aos pequeninos" (Mt 11,25).

Como se mostram apropriadas essas palavras de Jesus, quando as pensamos referindo-as a ti, humilde e amado Padre Pio.

Nós te pedimos que nos ensines também a nós a humildade do coração, para sermos conservados entre os pequeninos do

Evangelho, aos quais o Pai prometeu revelar os mistérios do seu Reino.

Ajuda-nos a rezar sem nunca nos cansarmos, com a certeza de que Deus conhece aquilo de que precisamos, ainda antes que nós o peçamos.

Obtém-nos um olhar de fé capaz de reconhecer imediatamente nos pobres e nos que sofrem o próprio rosto de Jesus.

Ampara-nos no momento do combate e da prova e, se cairmos, faz com que conheçamos a alegria do sacramento do perdão.

Transmite-nos a tua terna devoção a Maria, Mãe de Jesus e nossa mãe.

Acompanha-nos na peregrinação terrena rumo à Pátria bem-aventurada, onde também nós esperamos chegar para contemplar eternamente a glória do Pai, do Filho e do Espírito Santo.

Amém!

Bibliografia

Escritos do Padre Pio

PADRE PIO de Pietrelcina. Epistolario. 4 v. In: POBLADURA, M. da & RIPABOTTONI, A. da (orgs.). San Giovanni Rotondo (FG), Padre Pio da Pietrelcina, 1971.

Obras sobre o Padre Pio

ALLEGRI, R. *A tu per tu con Padre Pio*. Milano, Mondadori, 1995.

_____. *Padre Pio, l'uomo della speranza*. Milano, Mondadori, 1997.

AMICO, B. *Padre Pio, il frate dei miracoli*. Milano, Editrice Massimo, 1997.

BOUFLET, J. *Il mistero delle stigmate.* Cinisello Balsamo (MI), San Paolo, 1997.

CASTELLO, N. (org.). *Padre Pio*. San Giovanni Rotondo (FG), Casa Sollievo della Sofferenza, 1991.

CAVALLO, O. (org.). *Pensieri e parole di Padre Pio da Pietrelcina*. Milano, Paoline, 1999.

CHIRON, Y. *Padre Pio, una strada di misericordia.* 2. ed. Milano, Paoline, 1999.

CONTESSA, F. *Padre Pio*. Cinisello Balsamo (MI), San Paolo, 1997.

NEGRISOLO, A.; CASTELLO, N.; MANELLI, S. M. *Padre Pio nella sua interiorità.* Cinisello Balsamo (MI), San Paolo, 1997.

Pandiscia, A. *Un contadino cerca Dio. Padre Pio.* Cinisello Balsamo (MI), Paoline, 1990.

Preziuso, G. *Padre Pio, apostolo del confessionale.* Cinisello Balsamo (MI), San Paolo, 1998.

_____. *La vita di Padre Pio.* Lucera (FG), Editrice Sveva, 1985.

Ripabottoni, A. da. *Padre Pio così pregava e insegnava a pregare.* Milano, Paoline, 1999.

Vv. Aa. *Il grande libro di Padre Pio.* Cinisello Balsamo (MI), San Paolo, 1998.

Winowska, M. *Il vero volto di Padre Pio.* Cinisello Balsamo (MI), San Paolo, 1988.

Para uma bibliografia completa:

Ripabottoni, A. da. *Molti hanno scritto di lui.* San Giovanni Rotondo, Padre Pio da Pietrelcina, 1986. 2 v.

Sumário

Notas biográficas 7

Apresentação 13

Capítulo 1
Campania, terra do Padre Pio 15

Capítulo 2
Do nascimento à entrada no convento 21

Capítulo 3
Do noviciado ao sacerdócio 39

Capítulo 4
Em Pietrelcina para se curar 49

Capítulo 5
Acabou a paz 65

Capítulo 6
O crucificado do Gargano 81

Capítulo 7
Os numerosos carismas 89

Capítulo 8
Os anos amargos da prova 103

Capítulo 9
Páginas de uma outra história 115

Capítulo 10
As condenações do Santo Ofício 123

Capítulo 11
O longo dia do Padre Pio 135

Capítulo 12
   As suas "catedrais" 153

Capítulo 13
   O último decênio 169

Capítulo 14
   Os últimos dias 181

Capítulo 15
   Padre Pio, santo 191

APÊNDICE 195

   Do Epistolário 197

   Decreto sobre as virtudes heróicas
   do Servo de Deus – Padre Pio
   de Pietrelcina 207

   Homilia do Santo Padre João Paulo II
   na canonização do Padre Pio
   de Pietrelcina 215

Bibliografia 221